2024

从数字生活
到数字社会

中国数字经济年度观察

美团研究院 ◎ 编著

人民出版社

2024

中国数字经济年度观察

卷 首 语

从数字场景到数字产业集群，从数字经济到数字社会，三十年弹指一挥，数字化对我们生活的渗透远比我们能看到、听到的还要惊人。

1994年，中国成为全球第77个成功接入国际互联网的国家。

2017年，党的十九大报告中首次纳入"数字经济"这个关键词，并提出要"推动互联网、大数据、人工智能和实体经济深度融合"。

2019年，是中国5G商用元年，中国从互联网时代一个默默无闻的跟随者，华丽蜕变为引领者之一。

2022年，国务院在十九大报告基础上，进一步发布《"十四五"数字经济发展规划》，提出数字经济发展的总体目标：到2025年，数字经济迈向全面扩展期，数字化创新引领发展能力大幅提升，智能化水平明显增强，数字技术与实体经济融合取得明显成效，数字经济治理体系基本健全，我国数字经济竞争力和影响力稳步提升。

《规划》提出当年，中国就用1年时间完成了未来5年的数字基础设施绝大多数建设目标。

2024年，中国发布《数字社会2024年工作要点》，涵盖数字公共服务普惠化、数字社会治理精准化、深化智慧城市建设、数字城乡融合发展、构筑美好数字生活五方面。

在所有的现代化中，最难的不是工业、农业、国防和科技的现代化，而是普通人的生活日常、社会公共治理的现代化。

回顾中国数字化，真可谓三十年太久，只争朝夕。

中国实现村村通公路，预计是在 2025 年；基本实现村村通电，是在 2022 年；然而，实现行政村宽带村村通，则是在 2022 年，幅员辽阔的中国大地上，第一次工业革命的代表公路、第二次工业革命的标志电以及第三次工业革命的符号宽带，却几乎是同一时期达成。

后发优势，在中国体现得相当彻底。

过去十年，简单总结技术对中国人最深刻的影响，就是"数字重构"四个字。

第一，中国已经初步实现"产业数字化"。

2023 年 9 月，习近平总书记在黑龙江考察调研期间首次提出，整合科技创新资源，引领发展战略性新兴产业和未来产业，加快形成新质生产力。

何为新质生产力？

年底的中央经济会议作出了进一步的阐释：就是以科技创新推动产业创新，特别是以颠覆性技术和前沿技术催生新产业、新模式、新动能。

数字技术当然是当下最先进、最具颠覆性的技术。

数字技术打破了传统产业划分。论新制造，人工智能叠加数据要素成为世界工厂新的公式；论新服务，生活、生产服务业的全链条数字化正在加速贯通，服务就是最好的生产；论新业态，中国制造的传统优势正转型升级为数字化供应链优势……

2023 年，中国数字经济规模约为 56 万亿元，数字经济占 GDP 比重超过 44%。

套用工业化的概念，当一国工业在 GDP 中的占比超过其他产业，一般就认为其实现了工业化，据此可以说中国已经初步实现了"产业数字化"。

第二，给消费马车插上翅膀，夯实了中国内循环的战略纵深。

2023 年，中国社会消费品零售总额同比增长 7.2%。

数字生活极大地拓展了中国人消费的维度，"包邮区"的边界开始深入新疆、西藏，突入广大农村，非包邮区的运价下降了80%。

零售不再局限于本地，跨区才是王道。

服务销售额增速迅猛，比2022年增长30%，居民人均消费支出中服务消费占比悄悄突破40%。

体验消费，追求情绪价值伴随着"Z世代"来到舞台中央，正在颠覆中国传统消费理念和花钱模式。

从2023年到2024年，演出经济爆火，深度沉浸式旅游一路带火了淄博、哈尔滨、天水、洛阳、开封，小城市、冷门城市被重新发现。

"想要就要，即时满足"的即时零售异军突起，不再只是电商和线下的补充，更引发了零售模式的进化。因为即时零售，下沉市场继续着它的火爆传说。

一句话，就是中国无"小市"，每一个细分市场都存在巨大的增量，也生活着一批渴望与数字生活接轨的人。

第三，更智慧宜居的生活圈与更自由个性的选择。

数字化已冲击到现代化最难逾越的壁障——社会治理。

智慧城市不再只是大城市的专属，县城、农村都开始加速自己的"智慧城市"或者智慧生活圈的建设，数据要素在960万平方公里的土地上被不断发掘、激发。

数字化让公共服务更加普惠化。

智慧行政、智慧养老、智慧托育、智慧招聘、智慧补贴……乡镇也能紧跟社会进化的潮流，普惠公共服务跨越性别、地理、收入，尝试第一时间照亮每一个人。

就业不再只是谋生，更是悦己。

教育部增设314个数字经济领域新专业。

和数字化相关的20种新职业人才缺口接近1.2亿人。1万个家门口就业服务站、15分钟就业服务圈加速布局。

已经有17.5%的年轻人在尝试传统行业以外的新职业，超过一半的年轻人对新职业抱有强烈兴趣。

这是《从数字生活到数字社会》第 5 次和您相遇。我们的视角始终集中在消费、产业、就业、社会、公益这五个方面，更愿意落在普罗大众的身上。

今年，我们的视角会更下沉、更贴身，我们希望发现技术革命在每一个人身上引发的改变，因为我们知道技术的使命终究是要去造福每一个人的。

目　录

美好瞬间

20 张照片，20 个细节

未来有数

24 组数据

年度真知

美好瞬间

（上）2023 年 5 月 3 日晚，山东省淄博市周村区，淄博烧烤海月龙宫体验地顾客盈门。

（下）2023 年 4 月，甘肃天水麻辣烫走红带火"甘味"土特产。

（上）2024 年 1 月 26 日，游客在哈尔滨冰雪大世界参观游览。

（下）2024 年 2 月 25 日，在广西柳州市融水苗族自治县风情苗乡景点，民间艺人在表演"打铁花"。

（上）2023年4月，深圳世界之窗与美团无人机合作的国内首条景区常态化航线正式开航，一架无人机出现在景区上空。

（下）2023年6月25日，在四川省宜宾市，一列智轨电车正行驶在T4线宜南快速通道上。

（上）2023年10月，贵州省铜仁市松桃苗族自治县寨英上寨幼儿园，两名小朋友在全国第932座乡村儿童操场上快乐奔跑。

（下）2023年11月22日，贵州省贵阳市清镇市，全国第1112座乡村儿童操场在云雾中显现。这座位于新店镇东风幼儿园马鞍分园的操场由洲际酒店集团及其爱心消费者、美团酒店捐赠。

（上）2024年6月15日晚，甘肃敦煌，鸣沙山月牙泉景区举行"唱响鸣沙山·畅享新体验"万人星空大漠演唱会，从高空角度看下去，地面星光点点。

（下）2023年10月19日，在四川成都举办的第81届世界科幻大会上，一位小朋友在体验数字人对话系统。

（上）2024 年 6 月 13 日晚，福建省福州市鼓楼区三坊七巷历史文化街区，夏夜雨中的坊巷灯光璀璨，身着当地特色服装的游客选购物品、欣赏夜景、品尝美食。

（下）2023 年 12 月 6 日，吉林长春一家汉服体验为主题的文化馆里，不少市民前来"沉浸式体验"，挑选汉服。

（上）2024年6月23日，在浙江省玉环市漩门三期晶科200兆瓦光伏发电站中，渔民们划舟给虾投食，牛在太阳能板下"除"草。这一幕，是为了通过以"农渔光互补""屋顶互补""风力发电"等多形式持续推动清洁替代和电能替代，倡导绿色用能。

（下）2023年5月6日，国网庐江县供电公司组织施工人员在金牛镇林城圩村开展农网升级工作，同时安装配网智能开关加快数字化电网建设。

（上）2023 年 2 月 2 日，在江西省龙南市杨村镇员布千亩脐橙基地，无人机飞手赖敏正在操作无人机为脐橙喷洒农药，杀灭越冬的虫卵。

（下）2023 年 11 月 10 日，浙江省金华市金义保税区跨境电商迎来"双 11"发货高峰，工人忙着运送货物。

（上）2023年8月30日，在位于新疆昌吉国家高新技术产业开发区的新疆天山面粉小麦食品加工产业园区车间，智能机器人正在将成品面粉进行码垛。

（下）2023年12月5日，在位于安徽省马鞍山的中国宝武马钢封闭式料场，移动设备正在无人化作业。

（上）2023 年 11 月 30 日，内蒙古自治区呼和浩特市玉泉区南柴火市街小学学生与机器人"小胖"互动。

（下）2023 年 12 月 13 日，河北省石家庄市融创中心第一小学，学生与人工智能设备进行互动，体验科技魅力。

未来有数

分类	描述
总体经济社会 发展情况	2023 年，我国全年社会消费品零售总额达到 471495 亿元，比上年增长 7.2%，创下历史新高
	2023 年，中国有进出口记录的外贸经营主体首次超过 60 万家，其中民营企业数量达 55.6 万家
	2023 年我国数字经济规模将达 56.1 万亿元，数字经济占 GDP 比重将超过 44%
	2023 年，我国生成式人工智能的企业采用率已达 15%，市场规模约为 14.4 万亿元
消费变迁	国家统计局数据，全年服务零售额比上年增长 20.0%，居民人均消费支出中服务消费占比超过 40%
	中国演出行业协会数据，2023 年全国演出市场总体经济规模 739.94 亿元，与 2019 年同比增长 29.30%，创历史新高
	美团数据显示，2023 年休闲玩乐市场的消费规模同比增长 110%
	2024 年春节假期 8 天，国内旅游出游 4.74 亿人次，同比增长 34.3%
	2023 年"双 11"期间，淘宝卖出超过 73 万条马面裙。2023 年淘系平台的汉服销售额接近百亿元，同比增长超 50%
	2023 年中秋国庆黄金周，美团闪购异地订单涨幅高达 86%
	国家统计局数据,2018—2023 年，农村人均消费支出从 1.21 万元增加至 1.82 万元，增速达到了 50.4%，快于城镇人均消费支出增速（26.4%）

续表

分类	描述
	商务部《即时零售行业发展报告（2023）》显示，近年来，即时零售一直保持 50% 以上的年均增速，2022 年市场规模达到 5042.86 亿元。预计 2025 年将达到 2022 年的 3 倍
新职业	《2023 年新职业发展趋势白皮书》调查发现，已经有 17.5% 的年轻人在尝试传统行业以外的新职业，58.5% 的年轻人对新职业抱有强烈兴趣
	2023 年 3 月中华全国总工会数据，目前，全国新就业形态劳动者 8400 万人，其中外卖骑手数量达到 1300 万人，占新就业形态劳动者整体的 15%
	2023 年美团"骑手成长计划"，有超过 44 万人次参与了"站长培养计划"；美团配送生态内有 86% 的管理岗位由基层骑手晋升而来；"骑手上大学"项目已帮助 320 名骑手免费进修本科和大专学历
	2023 年全国有 6000 多所职业学校开设数字经济相关专业，教育部增设智能网联汽车技术等 314 个数字经济领域新专业
	阿里研究院预测，到 2036 年中国会有高达 4 亿的劳动力将通过网络自我雇佣和自由就业，相当于中国总劳动力的 50%
	2023 年，我国就业公共服务水平稳步提高，1 万个"家门口就业服务站"、15 分钟就业服务圈加速布局，3200 余家零工市场规范化水平有效提升
城市治理	2023 年，全国已建成智慧安防小区 33.26 万个
	2023 年，约有 5300 万人次香港居民北上内地
	2023 年，我国完成第一次自然灾害综合风险普查，建成了 1 个国家级综合库、10 个国家级行业库、31 个省级数据库
公益慈善	腾讯 99 公益日期间，公众参与人数超过 1.2 亿，较上年翻了一倍
	2023 年，全国福利彩票机构销售彩票 1944.41 亿元，同比增加 463.11 亿元，增长 31.3%
	2023 年，我国华北、黄淮、东北等地遭受暴雨洪涝灾害，社会各界捐赠救灾款物超过 16 亿元

年度真知

 用户篇

新场景引领新生活方式，
消费市场全面回升

　　过去一年最流行的颜色是什么？不是莫兰迪，也不是天青色，而是多巴胺色，如大家熟知的芭比粉，明亮、大胆、活泼的颜色，有种"打翻调色盘"的视觉感，一看就心情愉悦。多巴胺色的流行，背后是消费者逐渐崛起的自信，以及勇于大胆尝试，凸显个性、张扬自我的认同感。

　　流行色的隐喻，也藏在消费变化里。

　　这是疫后消费复苏之年，人们的心情是明亮的，可以自由地穿梭在大地上，尽情拥抱人间烟火气，报复性旅游出行让文旅市场出现了不少奇观：比如五一黄金周圆明园门票被哄抢一空，这是自 1860 年以来圆明园门票第一次售罄，163 年来第一次；4 月 28 日，还没到五一，上海虹桥火车站发往全国各站的车票均已售完，注意，是全国各个站！绝大多数中国人还是第一次感受到：原来中国真有 14 亿多人！

　　这一年，人们的消费是活泼的、张扬自我的，去淄博做赶"烤"人，去不知名小县城听一场演唱会，在城市里来一场 citywalk……大家化身理性体验主义者，不为面子买单，为情绪买单、为体验买单。

　　这一年被定义为"消费提振年"，我们经历着消费市场的全面复苏回暖，也见证着各类新兴场景的火爆出圈。

　　消费的变化不仅在微观体验里，宏观数据中也可感知到。国家统计局数据显示，2023 年社会消费品零售总额同比增长 7.2%，全年服务零售额比上年增长 20.0%，消费仍是经济增长的强劲动力。一个变化值得注意，国家统计局首次增加发布服务零售额数据，居民人均消费支出中服务消费占比已经超过 40%，增速远远高于实物消费。

在充满多巴胺色彩的这一年，我们洞察到用户消费的几个趋势：体验型消费高潮迭起，从买商品到买服务、买体验，服务消费正成为扩大消费新引擎，而在数字化的加持下，服务业已经形成了快速的反应能力；即时零售并没有随着居家的结束降温，反而真正迈入规模普惠阶段，在下沉市场加速渗透，带来了本地消费提质扩容，一种新的生活方式已然加速形成；数字化正在突破最后一些地域的边界，香港、新疆、西藏等非"包邮区"的人们，也与便利的数字生活加速接轨。

2024 年，扩内需、促消费仍然是经济工作的重点。中央经济工作会议提出，"要激发有潜能的消费，推动消费从疫后恢复转向持续扩大"。未来，中国消费行业将一定是消费驱动增长，品质化和极致性价比并存，并将全面进入到充满不确定性的快速分化时代。

▶ 新消费场景涌现，体验型消费顺势增长

如果没有为一场演唱会奔赴一座城，那这一年一定是不完整的。2023年以来，演唱会、音乐节、话剧、儿童剧、音乐剧……各类演出数量呈井喷态势，许多场次火速售罄，一票难求。"演出经济"正成为社交媒体时代的城市新流量密码。

来自成都的小夏便是火爆的演出经济中不断翻腾的"小火苗"之一。从周杰伦、蔡依林、林俊杰到梁静茹、五月天、张信哲、伍佰，奔赴上海、太原、南宁、重庆、贵阳，他已经看了超过30场演唱会。"2023年9月开始，我几乎每个月的周末都和演唱会有关，不是在演唱会的现场，就是在去演唱会的路上。"小夏认为，要抓住这难得的演唱会复苏黄金期，抓紧去看每一场喜欢的演唱会，既是满足自己的情绪价值，也是对自己的青春做一个独特的告别。

这一年，有无数像小夏一样的人，奔赴在看演唱会的路上。市场调研机构Experian（益博睿）发布报告显示，59%的千禧一代和63%的Z世代，更愿意把钱花在音乐会、旅行等"生活体验"上，而非投资退休生活。

在这一消费理念带动下，中国演出市场呈现出前所未有的火爆局面。中国演出行业协会发布的《2023全国演出市场简报》显示，2023年全国演出市场总体经济规模达739.94亿元，与2019年同比增长29.30%，达到历史新高。简报称，"为一场演出奔赴一座城"成为2023年的文旅消费新潮流。新业态不断涌现，旅游景点、商业空间、城市街区探索"演出+"，并实现"破圈"效应，更多以演艺为核心的商业模式形成高效闭环，以新模式、新

场景带动新消费。

一场演唱会，对一座城市到底意味着什么？

有强大号召力的歌手开演唱会，往往被誉为"行走的 GDP"。比如 TF-BOYS 十周年演唱会，外地购票用户占比达 83%；周杰伦海口演唱会省外观众占 61.5%；薛之谦的衢州演唱会，85% 的入场歌迷来自外地。外地观众的涌入，带来餐饮、零售、交通、住宿、文创等消费全面开花，持续不断拉动本地经济。

"演出经济"对城市文旅产业发展的"杠杆效应"越发明显。2023 年周杰伦海口演唱会连开 4 天，直接带来 9.76 亿元旅游消费收入，是端午假期旅游收入的三倍。美团数据显示，演唱会期间，海口餐饮堂食订单量同比增长 78%，收货地为酒店的即时零售订单量同比增长 115%，门票度假相关订单数同比增长超过 211%。

一场演唱会，就是一个新消费场景，并成为更多消费场景的流量入口。同程旅行与中国演出行业会联合发布的《2023 中国"演出 + 旅游"消费趋势报告》指出，大型演唱会、音乐节成为城市旅游消费的重要引流密码，重点旅游城市的历史文化街区、街头以及 LiveHouse（小型现场演出）等新空间共同打造演出盛宴，增添了新的文旅消费场景。

跨城看完演唱会，再来一场 citywalk（城市漫步），用脚步去丈量一座城市，是不少人的标准动作。来自佛山的小丹去香港看演唱会时，特意买了周六的门票，周日就在香港 citywalk，还打卡了新开馆的香港故宫。他算了下这趟旅程的花销，演唱会门票仅为总开销的 20%，其余的钱则花在了交通、住宿、餐饮、购物等方面。

一个主题街区、一场无人机表演、一部电影也可以是一个新消费场景。在西安"长安十二时辰"主题街区，游客们梦回大唐，感受"火树银花不夜天"的盛唐美景带来的震撼；在山东尼山圣境，无人机托起承载着美好愿望的数盏孔明灯飞上高空，游客们诵读《论语》，感受儒家文化的博大精深；在看完电影《长安三万里》后，游客们身着古装夜上黄鹤楼，体验历史人文与光

2024 年 4 月 21 日，河北省石家庄市正定县，小商品夜市热闹非凡，游人如织

影演艺的时空碰撞……数字服务、旅游智慧管理等最新应用全面勾勒出智慧旅游的新图景，更多沉浸式体验空间在全国各地开花，让人们不断奔赴。

美团的研究报告发现，疫情后整个文旅市场人气恢复得比较快，不过文旅消费发生了比较大的转变，文旅场景从风景走向消费场景，它更多地发生在街区、集市、商圈这类城市公共服务设施系统中，场域文旅消费特征明显。比如演出经济就是一个把所有的生活消费场景串联起来的大型文旅场域。

与此同时，2023 年 8 月国家统计局首次增加发布服务零售额数据，一大背景是消费结构不断转型升级，消费形态逐渐由商品消费为主向商品和服务消费并重转变，从全国居民人均消费支出的数据来看，服务消费占比已经超过了 40%。各地政府纷纷以政策支持、技术赋能、文化助力，打造消费新供给，培育服务消费新业态。

各大城市也在花式出招，把好玩的、好吃的、好看的都搬出街，诚意十足邀请大家在街头走一走，来一场沉浸式的 citywalk。2023 年，美团首批试点"乐活街区"在北京、广州、武汉、南京、成都等城市陆续落地，使商业街区成为线上 + 线下可消费、可参与、可体验的生活空间。

在成都玉林西路的"乐活街区"，就集结近了 130 家商户参与联动，消费者可以在线上一键领取街区优惠券，享受专属玉林西路团购套餐。在线下，可参加歪马送酒免费试饮，与可爱的袋鼠 IP 进行互动，闲逛芳草玉林大市集各式各样摊位，欣赏精彩的特色演艺节目。"乐活街区"吸引了不少市民和游客驻足打卡。

在重庆由美团举办的休闲玩乐峰会上，年轻人有自己的玩乐消费图鉴：LiveHouse 重回年轻人视野，东北洗浴掀起出圈浪潮，推拿按摩成年轻人养生"秘方"……美团数据显示，2023 年重庆休闲玩乐消费规模同比增长 120%。潮流与烟火交融共生，进一步激发城市消费新活力。

2023 年以来，休闲玩乐蓬勃生长，美团数据显示，2023 年休闲玩乐市场的消费规模同比增长 110%。美团顺势打造了"潮流夜生活""哇塞！周末"等原创直播栏目，休闲玩乐商家也将直播作为生意增长的标配，截至 2023 年 12 月，累计超 5 万休闲玩乐商家在美团试水直播，带动多个商家全年生意创新高。

从以上种种的消费现象不难看出，人们对体验型消费的追捧已经成为潮流。体验型消费指的是，如果一件商品 / 服务能带来更好的使用体验或者满足自己的情绪价值，贵一点也可以买。它们与其他消费品的最大区别在于：人们从单纯地"购买—使用"，变成主动参与、沉浸其中的体验者。

人们消费结构的变化中也暗藏着这个趋势。DT 商业观察的一项《2023 青年消费调研》显示，受访青年们的消费支出结构发生了非常大的变化，比如在快消类商品上的消费有所分化：美妆个护和服饰鞋子包包出现了明显下滑，食品饮料、运动户外用品则相对上升。最明显的是，在旅游、演出、医美体验等服务类产品上，开支变多了。

2024 年，这个消费趋势仍在持续，知萌开展的消费趋势研究显示，中

你在哪些品类上的消费变多/变少了？

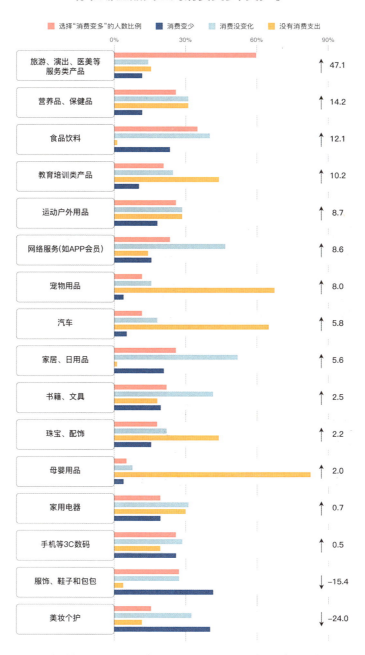

注：数据统计时间截至2023年12月13日　数据来源：DT研究院调研(N=1148)

国消费者对 2024 年保持着积极的乐观和期待，希望能够更好地享受生活。在消费开支上，大家会对身心愉悦的领域投入更多的精力，在家人的消费、健康的消费、悦己的消费领域坚持不降级。

更好地享受生活，为悦己消费买单，旅游更是体验型消费的集中体现。正如全国休闲标准化委员会委员、江苏省旅游协会副会长王洁平所说，新一代消费者——Z 世代，已经成为新消费的主流群体、中坚力量，"体验式、参与式、社群式"的消费特征更为明显。Z 世代的消费取向影响上一代、带动下一代，"倒逼"文旅产品向"沉浸式体验、场景化消费"迭代。

福建省泉州市蟳埔村因网上掀起的"簪花围"热潮火爆全网

从淄博烧烤到哈尔滨冰雪游，从天水麻辣烫到开封王婆说媒，这些现象级文旅盛况无一不是"沉浸式体验、场景化消费"的代表。

哈尔滨这座老牌工业城市，是 2024 年文旅界的第一个顶流。2024 年春节期间，"尔滨"吸引了超千万海内外游客竞相打卡，创造了 164.2 亿元的旅游收入。精彩的冰雪体验是哈尔滨文旅的"主菜"，但一系列"辅菜"成为沉浸式体验功不可没的组成部分。从老牌东北菜馆推出"冻梨刺身"，到网红咖啡馆打造出"冻梨咖啡"，从配勺吃的烤地瓜、撒糖的豆腐脑，到索菲亚教堂"人造月亮"、大街上出现小暖房子，哈尔滨花式"宠粉"服务彻底告别了"东北大糙汉"的传统印象，让当地人都忍不住打趣："尔滨，你让我感到陌生。"这座城市也被调侃为有着不为人知的"讨好型市格"。

前赴后继勇闯哈尔滨的游客不仅参与其中，还成为了创造者，不断将这种氛围延续下去。哈尔滨的一举一动，也通过短视频被放大、被二次创作，让哈尔滨"热梗"不断、频上热搜。从这个角度看，哈尔滨就是世界范围内最大的一场戏剧节，每个人都是这场戏剧节的演员。

而互联网的"推波助澜"更是让这场"戏剧节"高潮迭起、久不落幕。2024 年开年，随着哈尔滨的爆火，全国各地的文旅部门坐不住了，在社交媒体平台上疯狂输出创意短视频。洛阳文旅局在高铁站为游客送上河南特产——人造钻石，西安城里特警化身"鲜衣怒马少年郎"，吉林文旅把《盗墓笔记》张起灵搬出来了，山东文旅创造了《我姓东》喊麦宣传曲，一时间"河南文旅杀疯了""山东文旅""四川文旅连夜摇人"等话题相继登上热搜，使多地文旅收获一波热度。

网友们在线当起了"监工"和"军师"，并疯狂为自家文旅局长揽活："湖南的文旅局长能狂炫 100 斤辣椒"，"山西文旅局局长喝一百瓶汾酒还要兑上老陈醋"，"四川文旅局局长能生熊猫"……不少各地特产、特色频频出圈，甚至还有本地人都感慨自己不知道的特产，黑龙江人惊呼"自家就产蔓越莓，一直以为是进口的"，四川人表示不知道全球 12% 的鱼子酱产自四川，一场线上的文旅狂欢意外欢成了一场"全国特产大摸底"。

线上线下联动本质是相互借势、相互引流，制造互动交流的氛围，给屏幕前的消费者"诗与远方"的想象。大家也没辜负这波文旅疯狂"种草"的诚意，2024 年春节假期 8 天，全国国内旅游出游 4.74 亿人次，同比增长 34.3%。以前是"有钱没钱，回家过年"，现在是"有钱没钱，旅游过年"。

有些网友感慨，"旅游的目的超过了旅游目的地"，旅游已经从景区走向街区，一座城市就是一座主题乐园，等待人们去发现、互动。

全国性的线上线下狂欢，其实从淄博烧烤就开始了，值得注意的是，淄博本身并无太多传统旅游优势，全凭独具特色的烧烤及全城"海底捞式"的服务而走红，是典型的"主题乐园式"场域。它以"旅游特种兵"们带动的美食狂欢为开始，以全民参与、全民感动落幕。

今年，甘肃天水也因一碗红油鲜亮的麻辣烫而走红，2月某网友分享了天水麻辣烫的视频，上百万网友开始围观天水麻辣烫，人民日报、新华社等媒体加入宣传，一场泼天流量流向天水。天水也将淄博的"宠客"招式复制个遍，如今天水麻辣烫反向带动了旅游，今年3月天水5A级旅游景区麦积山石窟参观游客累计93581人次，较上年同比增长了253.8%。

在开封，万岁山武侠城景区的相亲节目"王婆说媒"意外创造了新消费场景。由于现场说媒成功率高，"王婆说媒"被称为"接地气版"的《非诚勿扰》，"王婆"更被网友戏称为"月老手下的销冠"。这种现场相亲模式吸引了不少游客赶来相亲交友，网友调侃称："中国14亿多人，1亿人都想来开封"。"巨量算数"数据显示，"开封王婆"的热度从3月17日开始飙升，并在3月20日左右达到顶峰，之后对文旅带动效益开始显现。同程旅行数据显示，截至3月26日，万岁山武侠城景区近一周旅游搜索热度环比上涨超过七倍，门票预订量环比增长超过两倍。开封称要乘势而上，推动形成更多出圈出彩的精品文旅项目、景区、演艺、品牌等，吸引更多游客到开封来，让开封文旅从"爆红"变"长红"。

无论是演出经济的火爆，还是"尔滨"、淄博、天水、开封等新一批网红城市出道，又或是citywalk的风靡，从一定程度上看，都是人们从物质消费向精神消费、从追求商业价值向情绪价值的转变。消费者对"新烟火气息的体验式追逐"更加明显，更愿意为"能构成我人生特殊体验"的内容、具有文化底蕴的城市烟火以及回归生活本真的当下质感买单。体验型消费，也成为"活在当下"最生动的注脚。

马面裙女孩们，爱上沉浸式古风文旅体验

这一年最火的服装，非马面裙莫属。

在古城西安的大街小巷，无论是在景区还是灯会，都能看见许多"马面裙女孩"在自信张扬地拍照。独具特色的马面裙与热闹的节日气氛，构成了古城西安一道亮丽的风景线。

西安有深厚的文化底蕴，历史古迹也众多，城墙、碑林、钟鼓楼……这些古建筑自带历史"滤镜"，给"马面裙女孩"们带来了更沉浸更多元的穿越式体验，成为汉服圈"圣"地。在朋友圈、抖音、小红书、B站等社交平台上，无数汉服小姐姐的美图都成为了西安汉服妆造的"活招牌"，吸引着更多的人来到西安体验一次梦回大唐。

随着以"00后"为代表的消费群体崛起，"沉浸式旅游"逐渐成为旅游新风尚，其中，"汉服体验"成为最热门的游玩方式之一。美团数据显示，在2023年的五一，以"汉服体验"为代表的新型沉浸式游玩方式，受到越来越多的年轻人的青睐。截至2023年4月23日，"汉服体验"的搜索量同比增长280%，西安、洛阳、苏州位居搜索热度前三。

马面裙是汉服品类下热度最高的单品。作为半裙，它更易搭配，对各种身材包容度更高，单价也更便宜，更多人的第一件汉服单品就选择了马面裙。

大数据显示，2023年"双11"期间，淘宝就卖出了超过73万条马面裙。马面裙还被评为2023年度淘宝十大商品，击败了赚足眼球的冲锋衣、军大衣，成为服饰类单品第一名。仅曹县一地，2023年以马面裙为主的龙年拜年服销售额已超3亿元。

马面裙的热销，也反向带动了汉服全品类热度，让汉服成为电

商的一大亮点。据淘宝服饰数据，截至 2023 年 12 月中旬，淘系平台的汉服 2023 年销售额接近百亿元，同比增长超 50%。

汉服的火热消费不仅带动汉服产业的发展，还带动了文旅活动、写真拍摄和二手交易等周边产业的壮大。在河南洛阳，无处不彰显着"一袭汉服带来的经济'骚动'"。随着《风起洛阳》等影视剧 IP 大热，短短一年多时间，洛阳汉服经营商户从 68 家增加到 1200 多家。

2024 年 4 月 10 日，游客穿汉服在河南洛阳中国国花园观赏牡丹花

"仿佛一夜之间，洛阳贴廓巷曾经的饭店、汽修厂、轮胎店、设计公司……一条街的店铺统一变成了汉服体验馆。"洛阳市民李洋接受媒体采访时感叹道。

洛阳整座城市就像一个大型沉浸式场馆，除了沿洛河东西绵延 30 公里的范围内分布着五大都城遗址和串起古都历史文脉的上百家博物馆，洛阳还打造了"梦里隋唐尽在洛邑"汉服文化节、"隋唐洛阳城国风穿越节"等活动，让更多游客沉浸式体验异彩纷呈的国风演绎。

年轻消费者汉服穿着场合不断拓展，主题活动、拍短视频／拍照、出游为主要驱动场景，有超 40% 的消费者会在节日仪式场合、日常出行逛街穿汉服，成为"游客中最靓的仔"。

马面裙惊艳翻红的背后，也是国风的流行，更是文化自信的生动诠释。

2022 年的迪奥抄袭事件，成为马面裙出圈路上的一个转折点，之后越来越多的明星和留学生穿着马面裙公开亮相，掀起了马面裙"复兴运动"。

在小红书，女孩们直呼"华流才是顶流"，截至 2024 年 2 月底，小红书"马面裙"笔记数量超过 105 万篇，并且在过去一年内保持着逐月增长的态势。大家分享着"第一次穿马面裙"的初体验，并交流马面裙的穿搭，推荐马面裙拍照打卡地。

如果说从前汉服还只是火在小众圈层，那么如今在更多消费场景下，以马面裙为代表的汉服已经成了当之无愧的"主角"。

消费复苏季，美团如何助力城市拉动消费?

餐厅门口排起长队，文旅消费火速出圈，消费热情不断升温……2023 年，我国全年社会消费品零售总额达到 471495 亿元，比上年增长 7.2%，创下了历史新高。

而这场持续一年的"消费盛宴"中，少不了互联网电商平台的助力。

"快来薅羊毛!""买买买，我的五五购物节'剁手'教程出来了"……2023年上海第四届"五五购物节"期间，不少消费者在网上分享了自己的购物心得，聚焦于各大平台的优惠券和促销活动。

美团发挥了"吃、住、行、游、购、娱"的全场景优势，联动旗下包括外卖、到店餐饮、小象超市、闪购、酒旅、生活服务、商场等十多个核心业务，进行各类优惠促销活动，并为上海市民准备了平台补贴18亿元——只要打开美团APP，在顶部通栏位置有"行动季"的按钮，点一下就有百万红包可以抢。

"五五购物节"推出"体育消费节""数字生活节""咖啡文化周""邻里生活节""夜生活节""环球美食节"等多个主题，满足上海市民创造全天候、全场景消费需求。在"邻里生活节"期间，美团联动到店综合和小象超市，为上海居民提供家电维修、结婚家居、家政保洁、买菜送货到家等特惠产品。在线下活动现场，小象超市牵手本地尖货"南汇8424"西瓜开展"免费吃瓜"活动，1984年2月4日出生的市民在现场凭本人证件免费领取一个"南汇8424"西瓜，炒热了现场气氛。

"夜生活节"期间，美团围绕夜购、夜食、夜游、夜秀、夜娱、夜动等领域推出六大主题优惠活动专题，通过沪上热门打卡地名片、点评达人探展、网红小吃街区等活动，带动更多游客来沪消费。美团发布的"24小时夜间消费活力榜单"和《夜经济指数报告》，联合商家共同挖掘夜间消费潜力点，更是进一步提升了沪上夜生活消费势能。

此外，美团还承办了"环球美食节"，推出环球美食指南和"世界食材·上海味道"年度榜单，为市民消费指明去处，擦亮美食之都的名片。

数据显示，"五五购物节"期间，上海全市线下消费日均71.3亿元，较前一年购物节同期增长16.2%；全市网络零售额日均47.7

亿元，较前一年购物节同期增长 16.6%。

其中，上海地区通过美团平台交易的生活服务消费订单量相比 2021 年增长 36%，呈现出节假日消费创新高、"万物到家"消费热、线下消费复苏势头良好、夜间消费潜力释放、高品质商户供给丰富等特点。

无独有偶，苏州的"双十二购物节"，也在美团的支持下，拨动了消费者的"吃货 DNA"——配合购物节开展 12 月品牌升级活动，美团共发放消费券 300 万元，总让利金额超千万元。

商务部指出，"消费提振年"被"汉语盘点 2023"列为年度"十大新词语"。展望 2024，"消费促进年"成了新的消费主线，培育壮大新型消费，大力发展数字消费等成为重要工作安排。

数字技术催生"NOW 时代"，即时零售带来高确定性生活方式

　　如果想买一件衣服，20 年前我们必须去店里亲自挑选、试穿；10 年前我们可以网上一键下单后，3 至 5 天快递小哥送货到家；而在今天，同样是一键下单，半小时至 1 个小时之内就可以收到骑手送上门的商品。

　　这就是即时零售。"想要就要，即时满足"的"NOW 时代"已来临，即 Everything Now（万物到家）=Live Now（即时生活）+Business Now（即时经营）+ Service Now（即时服务）。品牌商和零售商，皆为 NOW 而进化。

　　有人把即时零售视为"已有模式的补充"，潜台词中认为传统电商和线下门店已经很好地满足了消费者的需求，把即时零售看作锦上添花和"应急"解法。但越来越多迹象表明，即时零售渐渐从"加分项"变成"标配"。据尼尔森《2023 中国消费者洞察暨 2024 年展望》报告显示，即时零售在现代渠道里的销售占比呈逐年上升趋势，且扮演增量、升级和提效的角色。现在到了该重新认识它的时候了。

　　即时零售不是应急零售，而是一种高确定性的生活方式。可以更好满足人们"即刻拥有""少等待""高确定性"的购物需求，是即时零售市场长期增长的第一动力。

　　即时零售"即需即买、即买即送"的特点，解决了"线下不知去哪买，电商下单来不及"等痛点。

　　2024 年广东的"回南天"，比以往来得更早一些。第一年在广东工作的阿青，还是头一回感受到"回南天"的暴击：地板和玻璃门窗"流眼泪"不止，浴巾已经散发出难闻的霉味，房间湿度在 75% 以上，整个房间有一种"阴

间"的冷湿感……同事建议他买个除湿机，但他一看天气预报，过两天回南天就过了，"如果去电商平台买，收到货可能回南天都没了。"

他忽然想到了美团闪购，"之前就在上面买过充电器"，于是立即下单了一台除湿机，1 个小时就送货上门了。看着逐渐干爽的地面，他觉得广东的"回南天"似乎也没有这么难过。

天气总是出其不意，人们的出行计划也是如此。95 后姑娘苗苗是个喜欢探索世界的人，去年她买了一个机票盲盒，在盲盒最后一天有效期，她开到了石家庄，但留给她准备行李的时间不到 1 小时，而且廉价航空对行李限重更为苛刻，于是她选择了轻装出行方式。

没想到，苗苗到了石家庄后突然下雨，天气一下变得很冷，"又不知道哪里可以买装备，我就美团买了围巾和保暖内衣、暖宝宝，还有粉扑、日抛隐形，全副武装后再出门。"苗苗说，现在她旅行的心态发生了很大变化，主打一个让自己轻松舒服，不想再为出行前收拾行李焦虑。"以前可能啥都要自己带，现在基本上是有个手机就行"。

"之前出去旅行，总担心漏带东西，万一到当地不知道去哪买就麻烦了，收拾行李时总是越收越多。"家住北京的王女士之前也是个爱为出门操心的人，现在她已经完全解脱了，"几乎是'空包旅行'，去丽江旅行，发现连氧气瓶都能在外卖平台上买，半个多小时就送到了酒店。"

每到节假日，美团闪购的异地订单总是增长明显。比如在 2023 年的中秋国庆黄金周，美团闪购异地订单涨幅高达 86%。数码家电、美妆个护、运动户外、母婴玩具、百货服饰等与出行场景高度相关品类，涨幅靠前，订单量分别同比增长 141%、112%、100%、94%、88%。

轻装出行、到地购买、30 分钟即达的"空包式"出行方式，正成为当代人出行消费新趋势。即使旅途中意外因素再多，但即时零售提供了一种确定性，让人们可以处变不惊，更专心地享受旅行。

除了出行场景，还有许多异地订单产生于礼赠场景。比如在春节前，有些人还未回到老家，就先下单把酒、水果、美食等礼品送到家里。2024 年，情人节遇上了春节，不少情侣成了异地状态，于是他们也会通过即时零售给另一半送鲜花、送巧克力表达心意。

可见，消费者购买的不只是产品的功能价值，仪式感、情绪价值对于消费体验尤为重要。美团闪购联合奥纬咨询发布的《FAST 即时零售品牌经营方法论白皮书》中提到，美团闪购消费者在非日常时段的订单量占比在20%，95后消费者中超过三分之二的消费具有强烈的情感属性，喜悦分享、及时行乐、浪漫仪式等情感驱动消费需求由细分场合出发，非满足即消失，而即时零售能够极速履约捕捉这些"非满足即消失"的情感需求。

得益于即时零售的高速融入人们生活的日常，如今，即时零售商品丰富度正"越来越宽、越来越深"。在"NOW 时代"，即时零售进入全品类发展阶段，涵盖超市便利、食材、水果、鲜花绿植、休闲零食、酒水饮料、数码家电、美妆个护、母婴玩具、日用百货、服饰鞋帽、宠物等诸多品类。

像点外卖一样买一切，已经成为当代人的生活方式。美团闪购发布的《即时零售消费电子行业白皮书》中有这样一个案例：28 岁的 A 女士居住于广州，2016 年开始用美团订外卖，次年使用美团闪购解决应急需求和购买日用品。2020 年之后，她已经习惯用美团买家具产品、手机配件、电子产品，去年她还在平台上追新买了最新发售的 iPhone 15。

　　艾媒咨询数据显示，本地生活服务用户消费频率和金额较多分布在每周4—6次、每月101—300元区间，未来有向高阶转移趋势。而即时零售平台也像宝藏库一样，出现了许多稀奇的"宝贝"。比如京东采销直播间，主打"边看边下单，1小时送达"，有网友就看到可体验送装一体小时达的麻将机，在直播间下单后，就近门店发货，专业的配送和安装人员马上上门服务，整个过程最快可以小时级完成，心血来潮想打麻将时，再也不用到处找麻将馆了。

　　即时零售，不仅在大中城市已得到很大程度的"普及"，它的主要客群已从一线、新一线、二线城市向下沉市场拓展，加速实现全地域覆盖。2023年中央一号文件当中，对于即时零售的表述是："全面推进县域商业体系建设，大力发展共同配送、即时零售等新模式。"显然，下沉市场尤其是县域市场，将会是即时零售未来的主要方向。

　　实际上，即时零售对下沉市场消费的拉动有目共睹。美团数据显示，2023年1月至9月，美团闪购在中小城市销售额增速高达70%。在2023年"618活动"当天，三、四线城市交易额增速是一线城市的2.4倍。京东到家的数据也同样证明了下沉市场的消费活力，春节期间，京东在县域农村地区销售的洗烘套件、嵌入式微蒸烤、智能浴室柜等产品的销售增长均超过了10倍。

　　生活无忧，没有996，平均工作时间只有7.2小时……近年来，县城渐渐成为不少人的"快乐老家"。相对于一、二线城市的"卷"，三、四线市场体现出来的状态是"有钱有闲"。国家统计局数据显示，2018—2023年，农村人均消费支出从1.21万元增加至1.82万元，增速达到了50.4%。同期，城镇人均消费支出增长仅为26.4%。网络拉平了"高线""低线"城市之间的距离，在丰富的社交平台上他们能获得海量信息，再加上发达的电商即时零售平台，他们也实现了"想买啥都有、想用随时送"的消费梦想。

　　在河南西峡县，村里有杀年猪的风俗，大冰柜成为乡亲们春节最想要的必需品。这个春节，苏宁帮客西峡县服务中心的陈红果忙碌着圆村民大冰柜的心愿，一天下来能送装七八台，距离最近的村子也有 70 公里山路。

在江苏连云港市赣榆区海头镇，一会员店老板王亚说，"通过网络购物平台下订单买手机，周边 10 公里的范围内我们都可以'小时达'送货上门。"在汇通达网络股份有限公司和品牌厂商的联合运作下，乡镇数码电子消费品店实现了线上下单、线下配送服务模式升级，业务多了起来。

当然，下沉市场赶上"想买啥都有、想用随时送"的潮流背后，是中国配送体系的不断完善。在过去一年时间，美团闪电仓覆盖全国的仓网从 2000 多个迅速拉升至 6000 多个，已基本满足全国大多数的地方 30 分钟送达的服务。据美团介绍，在 2024 年，闪电仓将在下沉市场开放更多合作机会，推动行业商家到下沉市场接住即时生意的增量市场。

即时零售，不仅为消费者带来了确定性的生活方式，也为广大商家带来了增量的生意。即时零售作为一种新型零售模式，其本质是线下门店数字化，门店设施、即时配送能力、组织机制、线下实体店、社会化前置仓和经销商仓等，共同组成了即时零售行业中最重要的六个生产要素，这正是零售商试图拥抱数字化时代，推动自身数字化转型的关键所在。

《人民日报》曾报道过北京一家闪惠仓超市店主郑明月的亲身经历。通过大数据生成消费者画像和选品建议，仅用 17 天，郑明月就将一家有着四五千种商品的超市开起来了。"这要是在以前，光管理系统就得买好几套，有财务的、库管的，还要有采购的。"郑明月说，那是大企业才能干的事。如今，依托专业线上平台的数字化系统，郑明月将一切轻松拿下。

比如在选品环节，数字化系统会提供小店周边 5 公里内消费者的历史消费数据、搜索数据，清晰勾画消费者画像，让郑明月选品时有的放矢。营业后，系统还会根据销售情况、时节变迁、爆款变化及时提示，让郑明月同步消费者需求。"以前，我都不知道有牛仔裤收纳盒这个商品。去年入冬后系统提示上线该商品，我试着进货，没想到卖得特别好。"郑明月说，如今，每个月能卖 50 来个牛仔裤收纳盒。

与一般的社区便利店不同，闪惠仓超市大部分订单都来自线上，系统能自动规划拣货路线，店员根据系统提示，平均 2 分多钟就能将 30 种商品顺利分拣，成功保障配送时效。数字化系统能将商家的平均库存准确率提升至 99%，拣货效率提升 52%，全渠道经营成本降低 60%，大大降低了便利店转型上线的人工成本和时间成本。郑明月说，别看他店小，但能量很大，依托线上小店平均日销 500 单，让他信心满满准备开分店了。

获客难、转化难、销售难、营销难，是当前零售行业商家面临的普遍痛点，即时零售平台纷纷推出了数字化工具，帮助商家全链路经营，创造价值增量。比如，美团闪购面向全品类商家，在 2023 年 5 月试推出旨在提升全链路经营效率的全新工具型营销 IP"神价日"。聚焦爆品维度，以"日—月"为体系机制帮助商家"选对品、选好品、选爆品"。神价日活动成果显示这套打法的潜力。6 月 8 日至 10 日，第二次"神价日"月促期间，爆品"半个西瓜"售出近 8 万单。京东到家也推出了"宏图"系统，通过 B2C+O2O 全域数据分析，能够实现人、货、场基于 LBS 网格化的供需精准高效匹配，帮助品牌提升全渠道运营效率，创造价值增量。

传统零售时代，本地商家经营时间固定，商超、市场都有指定"作息时间"，深夜都会打烊，雷暴雨雪天气则基本没生意。即时零售则可让商家自主选择经营时间，即便是雨雪天或者深夜也可"接单"，让商家们实现了生意的全天候。

美团研究院的报告指出，即时零售通过满足消费者强时效性需求、非日常时段需求，扩大消费者选择范围等路径创造消费增量。调研结果显示，消费者每通过即时零售消费 100 元，约有 30 元属于新增或额外消费，据此推算，2022 年即时零售约创造 1000 亿元消费增量，2026 年有望创造近 3000 亿元的消费增量。

即时零售作为一种新零售业态，也在不断进化中，商务部发布的《即时零售行业发展报告（2023）》指出，全天候消费、全场景渗透、全品类创新、全地域覆盖、全供应链管理以及全流程数字化，是即时零售发展的六大趋势方向。进化中的即时零售，也有着巨大的增长潜力，近年来，即时零售一直

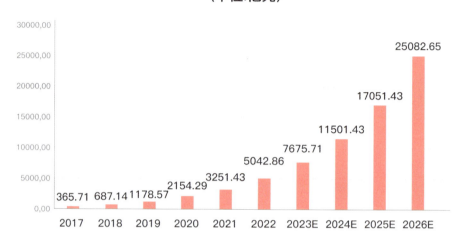

2017—2026年即时零售市场规模
(单位:亿元)

资料来源: 课程组根据模型测算（包括自营和开放平台）。

保持50%以上的年均增速,2022年市场规模达到5042.86亿元。预计2025年,即时零售市场规模将达到2022年的3倍。

以年轻人为主体的消费者,在物质丰盈时代,褪去了"囤货癖",开始习惯"外卖点一切"。品牌商、零售商也在加速迁徙,丰富供给,让消费者的所有临时起意达成,变成日常。零售业的新一轮变革大幕,正在被徐徐拉开。

延伸阅读

长在用户需求里的微醺生意:"一笔订单下去,菜没上齐酒就先到了"

周末家庭小聚,深夜借酒解压,夏日炎炎冰啤酒降温,人们想喝酒往往具有突发性,"随想、随买、随喝"的酒水消费新趋势下,即时零售正发挥着它的优势。

"周六晚上约朋友来家里聚餐,准备了一桌子菜,单单忘了买酒，习惯性打开美团，被一家备注 15 分钟送达、保真的歪马送酒的店吸引了。一笔订单下去，菜没上齐，酒就先到了。"在北京望京附近生活的张先生，分享了自己被歪马送酒种草的经历。

作为美团旗下的酒水即时零售品牌，歪马送酒旨在为用户提供平均 15 分钟送达的酒水即时送服务，经营品类涵盖啤酒、白酒、红酒、洋酒，拥有 800 到 1000 个 SKU，完成了全品类和价格带的覆盖，就连茅台、五粮液等商品也能在上面买到。截止到 2023 年 12 月，"歪马送酒"商品交易总额超过 12 亿元。

歪马送酒的主要消费者有两类："爱酒青年"和"社交大哥"。其中，"爱酒青年"的酒水消费场景主要是家庭、聚餐等，开心或伤心都会饮酒。而"社交大哥"则是在商务宴请等场景下饮酒。相对年轻化的用户群体，对歪马送酒这类即时零售平台的接纳度和依赖性很强，而平台商品的丰富性也对应了这部分年轻人的消费需求。

美团闪购发布的《2023 即时零售酒类白皮书》显示，2020 年至 2022 年，在即时零售市场规模中，啤酒增长 83%、洋酒增长 628%、白酒增长 554%，远高于酒水品类大盘增长。

在这高增速的

背后，是一笔笔"随想、随买、随喝"的酒水消费订单，印证着用户消费需求的养成。歪马送酒抓住和满足了酒水即时零售消费者的四大需求：快——配送要快；多——种类要多；真——商品要真；省——价格要省。

要满足这四大需求，对供应链有着极高的要求。以歪马送酒望京店为例，一个典型的前置仓约100多平方米，涵盖白酒、红酒、啤酒、洋酒等800余件SKU，这种前置仓模式的租金、装修、设备等成本较传统线下门店低30%以上。而歪马送酒自营供应链采用的是购销的模式，没有中间商，商品直供，并形成了仓、拣、配一体的运营模式。

截至2024年3月，歪马送酒已覆盖广东、四川、陕西、重庆、北京、湖南等六省市40余城，全国门店超400家。2023年，歪马送酒交易额同比增长600%。

"尽管当前即时零售的整体渗透率仅约为1.3%，但考虑到电商B2C模式的平均渗透率为10%，提升至6.2%的即时零售酒类渗透率是完全有可能实现的目标，并且随着时间的推移，若能保持快速增长态势，甚至有望逼近或超过10%的更高水平。"美团有关方预计，面对消费者日益增长的即时购买需求，以及预期中的千亿级赛道成型，像"歪马送酒"这样的即时零售业务应时而生，旨在抓住这一片充满机遇的新蓝海市场。

"包邮区"边界再打破，数字生活辐射范围更广

过去一年，三文鱼、南美白对虾、螃蟹、龙虾这些新疆海鲜特产进入大家的视野。远在天山南北，深入亚欧大陆腹地的中国内陆省份新疆，竟然能够量产海鲜，震惊不少消费者。

"大家对新疆的印象可能就是沙漠、干旱，但实际上新疆有很丰富的冷水资源。"新疆天蕴有机农业有限公司副总经理姚丁香接受媒体采访时说。尼勒克县位于天山山脉腹地，蜿蜒流经的冰川雪融水水温常年保持在20℃以下，十分适合冷水鱼类生长繁育。2014年开始，该公司在尼勒克县海拔1000多米的天山冰川活水水域建立了三文鱼养殖基地，开启了新疆内陆大水面养殖高品质三文鱼的发展之路。

天山冰川水滋养出的三文鱼口感鲜香、甜美，具有"鲜、嫩、润、滑"的特点，一尾新鲜出水的鱼可在24小时内完成加工、包装、运输等全过程，并送达消费者餐桌，不仅让离海最远的新疆人吃上了新鲜的三文鱼，还"跃"出天山走向了全国各地，甚至迈出国门。

每年中秋节，正是螃蟹最肥美的时候，不仅有阳澄湖大闸蟹的重磅，还有蟹类新秀——新疆雪蟹占得一席之地。潘先生曾是阳澄湖镇上的一名养蟹师，几年前他不远千里奔赴阿勒泰养螃蟹，"这里水源纯净，富含'精氨酸''谷氨酸'等矿物质，雪蟹肉质紧实、蟹黄饱满，口感甘甜。"他说。他将阳澄湖当地较为成熟的技术体系即"863"技术带到这里，这里的雪蟹喝的是纯净的水、吃的是天然饲料，这种条件养出来的雪蟹青壳白肚，连钳子上的绒毛都透亮发白，妥妥的干净、绿色、无公害。

为了让更多消费者能吃到新疆雪蟹，小象超市与当地近十个养殖基地合作直采，独家上线新疆雪蟹，并开通了"雪蟹专线"。一箱箱还在吐泡泡的新疆雪蟹，乘坐"雪蟹专线"，每天两趟专送飞机，48小时内直达北京、上海、广州、深圳、武汉、苏州等地的消费者餐桌。"蟹肉还挺甜，蟹黄太好吃了""肉很细腻，螃蟹鲜活，一级棒"，在即时零售平台雪蟹的商品评论区里，能见到来自五湖四海的消费者留下的评价。

新疆海鲜走入江浙沪，同样得益于数字化基础设施的完善。"本店包邮，新疆、西藏等偏远地区除外"，这句话曾经是无数新疆用户"一生的痛"。最近，一则好消息传来，"江浙沪包邮"家族大扩容，"疆浙沪包邮"将成新常态，让无数新疆用户狂喜不已。

2024年3月，淘宝联合商家共同推动新疆包邮体验提升计划，汇集到淘宝首页的"新疆包邮"频道。目前，"新疆包邮"频道内商品涵盖服饰、快消、食品等各个类目，无论是几块钱的零食还是上千元的首饰，全部支持包邮发往新疆。

"新疆的人民也可以足不出户就收到货物了""已经迫不及待了，坐等""不容易啊，终于包邮了！"在社交媒体上，新疆的朋友们有说不出的激动和期待，这一天他们等了太久。

俗话说得好：新疆之大，快递也怕。如果从北京发一个包裹到乌鲁木齐，那么坐快车30个小时到达，但在新疆，从阿勒泰到和田就要38个小时。这也是为什么新疆人等一个包裹起码要一个星期的原因，快递不是不到，而是它一直在路上。对于新疆的消费者来说，快递不快之外还要承担高昂的运费，甚至有时小件商品的运费比商品本身还要高。淘宝数据显示，不包邮订单平均邮费达到25元。

如今，"新疆包邮"的梦想已经照入现实。2023年，快递巨头们纷纷迈出至关重要的一步，中通、申通等快递公司的省级分拨中心纷纷搬迁至乌鲁木齐，圆通速递等10家主要品牌寄递企业在乌鲁木齐新建或租赁仓储中心。这意味着，以乌鲁木齐为核心的全疆快递枢纽初步形成。淘宝也联合合作快递伙伴先后在杭州、西安两地设置新疆集运仓，通过中转集运的方式降低物流成本，推动了新疆不包邮订单平均邮费下降 80%。

新疆加入包邮区，不仅体现了电商平台对广大消费者需求的关注，也反映了物流行业不断优化配送网络、缩小地区差异的努力。对于消费者而言，包邮是消费的吸引力之一，国家邮政局数据显示，新疆快递业增速迅猛，2023 年，新疆快递业务量（不包含邮政公司包裹业务）累计完成 3.05 亿件，快递业务收入累计完成 62.04 亿元，分别同比增长 88.1%、77.89%。从快递业务量和收入的增速指标看，新疆排名均位于全国首位。新疆快递业蓬勃发展，折射出旺盛的消费需求。

与新疆一样曾苦于物流"梗塞"而迟迟未能挤进数字生活快车道的还有西藏。在此前的两会上，全国政协委员，西藏航空有限公司党委书记、董事长魏博平提出了一组调研数据：西藏居民网购，邮费为江浙沪地区的 3 倍以上；物流运输慢，航空快递件平均用时 3 至 5 天、汽运快递件平均用时 5 至 7 天；分布在西藏 4000 多公里边境线上的 600 多个边境村更是无快递通达、群众无法实现网购。

其实，这种持续已久的局面正在悄然发生改变，越来越多的西藏人实现了网购"次日达"。

西藏那曲市是中国平均海拔最高、国土面积最大的市。每一单快递到达前都要经过千里奔波，消费者此前网购，在下单后都要等上一两周时间才能收到商品，而在 2024 年春节除夕当天，西藏那曲市色尼区的拉巴接到了京东快递小哥的电话，他在京东购买的年货送到了，这让他很是惊讶。

"自打去年年底设立了自营的快递站点，第二天就可以收到商品。现在，消费者购买的商品从拉萨仓发货，比之前从成都仓发货节省了时间，京东物流每天有货车从拉萨发往那曲，半天就可到达。"对于拉巴的疑问，京东快递那曲色尼营业部负责人石帅给出了答案。他也感觉到，春节前村子里派件量明显多了起来，村里老人居多，外出务工的青壮年还未归，往往年货就送到家了。

再高的海拔，再远的距离，也挡不住西藏人喜欢"买买买"的热情。据欧特欧咨询数据显示，2023 年"双 11"购物节期间，西藏自治区网络零售额 43.1 亿元，同比涨幅 75.79%，增速位居全国第一。很多人想不到的是，西藏人"双 11"最爱的居然不是吃吃喝喝和囤日常用品，而是金银珠宝，其次是烟酒类、家用电器和音像器材类，网络零售额分别为 23.8 亿元、6.2 亿元和 3.4 亿元。

中国无小"市"，每一个细分市场都存在着巨大的增量，也生活着一批渴望与数字生活接轨的人。

除了新疆、西藏，广大农村地区也是数字生活的"最后一公里"，比如网购后快递无法进村入户、外卖只有镇上才配送，这几年随着消费的下沉、农村数字基建的完善，它们也渐渐跟上数字生活的步伐。

在甘肃会宁农村，以前村民想吃点什么、买点什么，都要跑到集镇去。遇到刮风下雨天气，大家就不愿意出门了。"小镇外卖"的出现，让商户、村民、外卖员皆大欢喜。

饿了就打开手机，点一份外卖，如今，住在乡镇的村民也能和"城里人"一样，足不出户就可以"换换口味"。街道、商铺、乡间小路随处可见外卖小哥步履匆匆送餐的身影，村民们终于享受到了"家门口"的便利。

在山东滨州无棣县，曾经"坐不满""跑不远"的公交车，摇身一变为"客货邮"一体的"全能选手"，破壁机、扫地机器人等现代化家电在村镇服务站下车入库；农户种植的冬枣搭上"顺风车"，从村里"奔"向外地。

"村里的公交常年坐不满，来坐车的大多都是到镇上取快递的。"54 岁的公交司机李风智熟知曾经的"快递之痛"。比如无棣县羊屋子村离镇服务站近 20 公里，村民坐着公交车来取快递，还要额外多掏往返车费。为填补农村物流的断层，当地政府联合滨州交运集团，依托公交网络和"村店"资源，让公交车逐渐成为货物进出镇村的纽带，让村民"快递自由"的梦想照进现实。

快递进村，外卖进村，打通了消费品下乡"最后一公里"，也打通了农产品进城"最初一公里",农民的生活愈发红火方便起来。

对于香港而言,内地的数字生活在过去这一年带给他们的震撼是前所未有的。虽然香港也有数字支付、外卖等工具,但便利程度和应用范围远远不及内地,甚至香港工业总会专题报告称——"香港数字经济需要急起直追",香港与内地存在着一个尴尬的"数字鸿沟"。

以外卖为例,香港人并未养成"点外卖"的习惯,其中让人望而却步的一大原因便是动辄 20 港元起的配送费,相比之下内地外卖一般只有三五元的配送费。香港外卖渗透率也远远低于内地,在内地餐饮外卖配送市场的渗透率已将近 30% 的时候,据 Euromonitor(欧睿)数据,2015 年至 2019 年,香港外卖市场的渗透率仅为 4% 至 5%,占整个餐饮市场的不到 0.5%。两地的差距十分明显。

2023 年,美团旗下外卖平台 KeeTa 进入香港,被一些人寄望于"改造"香港的外卖行业。据媒体报道,KeeTa 上线首日即出现"爆单"情况。大数据分析平台 Measurable AI 的报告显示,KeeTa 在登陆香港的一个月内,拿下所在区域两成的市占率。

林娜在试用了 KeeTa 后最大的感受是,平台的送货时间"比较有保证"。"我在非繁忙时间段用 KeeTa 下单了一个'一人食'套餐,店家距离我大概步行十几分钟的路程,KeeTa 的送货时间也就 15 分钟左右,其实超出了我的预期。"

网红餐饮比内地落后一个时代的香港,已经无法满足香港人对美食的探索。眼下的香港,流行一种很新的外卖方式——深港跨境外卖。他们身在香港,在手机上下载了内地版的"美团外卖"或"饿了么"APP,将地址切换到深圳,收货地址填上了深圳离自己最近的口岸,下单奶茶、麻辣香锅、甜品等,再前往口岸等待外卖送到,香港人叫外卖一度"挤爆"深圳口岸。

深圳美食深受港人欢迎,也催生了专业的深圳—香港"反向代购"。南都民调显示,近四成的受访香港居民曾找人从深圳跑腿、代购过商品,主要是衣服饰品、蔬果、海鲜、零食等。"一般上午下单,下午就能配送,会在附近的地铁口交易"，不少香港人都愿意付 25% 的服务费，这样不用过关就能享受到内地的美食。

这几年，内地的互联网企业正在加速出海，香港是它们的重要一站。它们的到来，也为香港数字化改造带来了新鲜力量，让香港人的数字生活加速与内地对齐。

比如京东在港澳推出了春节不打烊服务。2024 年除夕下午，在香港上环工作的何先生，收到了一份京东快递小哥送货上门的包裹。这是他前一天刚刚下单的一套茶壶。"还以为春节期间物流会比较慢，没想到还是第二天就收到了，和平时的速度一样快。"春节期间，京东快递还在香港正常提供了"同城最快 4 小时"的寄送服务，让不少香港市民直呼——"猴犀利"。

内地互联网企业南下走出去，香港人也纷纷北上融进来。2023 年以来，香港人北上涌入深圳消费，阿嫲手作奶茶、鲍师傅糕点和太二酸菜鱼，被誉为港人到深圳觅食的"三件套"。奶茶店微信小程序点单，甚至倒逼提升了香港微信普及率。而香港人最爱的内地 APP——小红书，堪称是他们的北上觅食"指南针"，太二酸菜鱼、海底捞、木屋烧烤、文和友、八合里潮汕牛肉火锅都成了他们的打卡目标。

"太方便了，感觉就是同城生活，只要 15 分钟就可以到达深圳繁华商圈"，住在香港的李先生一家三口趁着周末搭乘高铁来到了深圳。除了正常去吃喝和购物，他们还计划去按摩、看电影。2023 年，像李先生一样"北上"的香港客流人数达到 5334 万人次，在这一年里，大湾区"跨城消费"火热，按 2022 年底香港人口 733 万人测算，2023 年平均每位香港居民"北上"7.2 次。

港人的消费类别，从美食向更多生活领域拓展，按摩 SPA、美容美甲、洗头理发、洗牙正畸等体验项目受到追捧。数据显示，2023 年 7 月，美团平台上的香港消费者"变美"订单量较 1 月同期增长超 800%，足疗洗浴订单量增长 750%，密室、KTV 订单量增长超 500%。

2024 年元旦，不少香港居民还解锁了新的过节方式——在深圳逛山姆买年货，快递送货到家。这得益于顺丰率先针对深圳山姆推出了"深港半日达"服务。这个服务推出后，香港人在深圳山姆购物，再也不用大包小包肩挑背扛地过关了，只需要将东西交给顺丰，留在深圳吃过中午饭，浏览一下当地的景点，晚上回到家时，白天在深圳买的东西已经送到香港的住所了。

中国已经是全球最大的"包邮区"，也拥有全世界最庞大的网民群体，数字技术的触角延伸至神州大地的每一个角落，它穿越高原、沙漠与河流，不断拓展着智慧便利生活的边界，深刻改变了这片土地上人们的生活。

延伸
阅读

一天送出 400 多杯奶茶，塔克拉玛干沙漠边缘涌现"新业态"

"你很难想象，在若羌这个沙漠边缘的县城，一天能送出去400 多杯外卖奶茶。""90 后"重庆籍女外卖员罗琴说。

很多人不知道若羌在哪里，但一定知道塔克拉玛干沙漠，也听说过楼兰古城、罗布泊。若羌是塔克拉玛干沙漠东南边缘的一个县，也是楼兰古城、罗布泊所在地，而中国四大无人区之一的阿尔金山国家级自然保护区也位于此，足见若羌的地理位置特殊而偏僻。

罗琴与若羌的结缘，源于 2015 年她邂逅爱情，之后她便跟随爱人来到了这个沙漠边的县。初识若羌时，若羌还是个白天被太阳炙烤，晚上县城几乎连饭店都没有的孤寂之地。

不过，县城的发展也远比她想象的迅猛，短短几年时间她见证沙漠机场、沙漠公路、沙漠铁路相继开通。2018 年，若羌楼兰机场通航；2021 年，尉若高速通车；2022 年，环沙漠铁路全线贯通。各种交通工具直达楼兰腹地，若羌从边缘之地变成了旅游胜地。

一波又一波的游客来到若羌，饭店、奶茶店、火锅店冒了出来。2019 年，生完二孩的罗琴发现，沙漠边缘还诞生出了"新业态"，美团外卖进驻若羌县，在沙漠边点外卖的梦想已经照进现实。

但罗琴想得更多，她动起了"女人也能赚钱养家"的心思，于是兼职当起了外卖骑手。时间自由、灵活，让她可以照顾家庭与赚钱补贴家用两不耽误。

每年五六月份，新疆暑期旅游旺季开启，大批游客涌入若羌。游客多了后，外卖订单量开始暴增，冰镇奶茶尤其受欢迎。暑期若羌县天气炎热，罗琴和同事一天要送出近 400 份奶茶。

"除了奶茶、羊肉抓饭，游客也喜欢下单防晒霜、洗衣粉、墨镜、若羌枣。有些游客在景区下单，我们就按游客要求，送外卖进景区。"罗琴说。

在若羌，火的不仅是餐饮，还有民宿。若羌梵云驿站、若羌羌河客栈、遇见楼兰青年旅舍……这两年，一户户融入楼兰文化元素的民宿涌现在若羌县。

2023 年 3 月，"新—青—甘"五城旅游联盟在若羌开启。更多走甘青大环线的游客翻越阿尔金山来若羌旅游，带动若羌县民宿业态兴旺。截至 2023 年 6 月，若羌县共有 2 个自治区级乡村旅游重点村、10 个星级农家乐和 40 家不同主题风格的特色民宿，初步健全乡村生态旅游产业链。

民宿老板娘薛高飞是名"疆一代"。她在枣园中开起民宿，时常组织民间艺人表演，向外地游客展现若羌传统文化底蕴。她希望游客"住在当地文化特色中，贴身感受非遗"。

美团数据显示，2023 年新疆巴州暑期住宿预订量较 2019 年增长 490%，远超疫情之前。仅 2023 年前 5 个月，"若羌县"整体搜索量年同比上涨 588%，"若羌酒店"搜索量年增长 700%。尤其是上海、广安、苏州、丽水、深圳、广州、郑州、成都、重庆、商丘的用户，热搜"若羌"。

游客的到来，也让若羌县的特产若羌枣藏不住了。舒春华是一个 85 后收枣人，他先后带动了 400 户枣农对接大市场，将若羌枣放到美团优选上售卖，若羌枣就此踏上了"走南闯北"的旅程。美团优选数据显示，仅 2023 年前 3 个月，若羌枣销量就增长 110%。

　　若羌的变化，不仅让罗琴成为一名月入 7000 元的职业女性，也让更多若羌人"钱袋子"鼓了起来。沙漠边缘涌现的"新业态"，让古楼兰焕发出勃勃生机。

■ **专家观点**

即时零售活跃县域新消费

美团研究院

刘佳昊　倪晓畅　张放

　　县域是我国基本的行政地域单元，是支撑经济社会发展的完整空间载体，是连接城市和乡村的纽带，在经济社会发展和推进乡村振兴中始终占据重要地位。有关数据显示，截至 2022 年底，我国内地共有 1866 个县域经济体，其国土面积占全国的 90% 左右，人口占全国的 52.5%，地区生产总值占全国的 38.3%。县域经济一直是党和国家关注的重点，2021 年以来，党中央、国务院以及商务部、国家发改委等多个部门多次印发政策文件指导县域经济发展。行业测算 2022 年县域即时零售规模约 843 亿元，2026 年有望突破 2400 亿元，具有较大的发展潜力，并能在县域经济高质量发展的进程中发挥消费催化剂、就业蓄水池、转型助推器和融合加速器的作用。即时零售作为一种融合线上线下的电商新业态，正在县域呈现出多重亮点和价值。2023 年中央一号文件明确提出，要"加快发展现代乡村服务业。全面推进县域商业体系建设……大力发展共同配送、即时零售等新模式"，认可了即时零售在激发本地消费、吸纳人才回流，助推商业转型、支撑城乡融合等方面的作用。

一、即时零售成为县域消费新亮点

　　即时零售（也称即时电商）是以即时配送体系为基础的高时效性到家消

费业态，属于典型的零售新业态和消费新模式。据行业测算，2022 年即时零售整体市场规模约 3500 亿元，并有望在 2026 年突破 1 万亿元，行业整体具有强劲增长动力和较大发展空间。作为一种有效提振消费需求、盘活实体零售的新模式，即时零售在县域经济发展中的作用也愈发突出。

（一）当前即时零售在县域正快速发展

美团闪购是美团旗下典型的即时零售业务，本文依托美团平台数据，对县域即时零售发展情况进行研究分析。研究发现，当前县域即时零售呈现出如下特征：

一是即时零售县域消费规模不断扩大，占比逐渐提升。据美团研究院测算，2022 年县域即时零售规模约 843 亿元，2026 年有望突破 2400 亿元。相较于全国平均水平，县域地区的即时零售消费和供给也有更高的增速。美团平台数据显示，2019—2022 年县域地区的即时零售消费额增长率均超过全国平均水平，县域地区的即时零售行业规模占全国的比重不断提升，从 2019 年的 21.6% 提升至 2022 年的 24.1%（见图 1），从供给侧看，美团

图 1　2019—2022 年县域即时零售发展增速

数据来源：美团数据

2022年县域有交易的即时零售商户数同比增长34%，增速高于全国平均水平。

二是县域即时零售表现出不弱于市区的消费活力。美团平台数据显示，我国县域的即时零售业务快速发展，部分县域的即时零售年人均消费额甚至高于周边市区平均水平。这一方面是因为在华东、华南等部分区域，一些县城的经济发展水平较高，甚至已超过临近市区的经济发展水平，居民有较强的购买力。以江苏省苏州市为例，相关数据显示，2022年苏州市各县域的GDP和人均GDP均高于市区，苏州各县域的闪购消费、消费者年人均消费额和消费频次也高于市区（见图2）。另一方面，相对于市区，部分县域的商业服务设施相对落后，传统的线下供给匮乏，无法满足不断增长的便利化消费需求，这也使得这部分消费者更依赖便捷的即时零售。美团研究院2023年8月开展的即时零售消费习惯问卷调查（以下简称"问卷调查"）结果显示，在县域，因为"附近线下商店缺乏所需商品"和"错过线下常规营业时段"而选择即时零售消费方式的消费者的占比分别达到32.8%和25.9%，均高于市区居民的占比（见图3）。

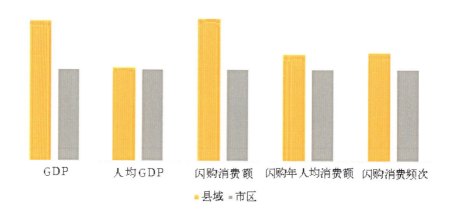

图2　2022年苏州市内市区与县域的若干经济指标对比

数据来源：苏州市2022各县/市/区统计公报、美团数据

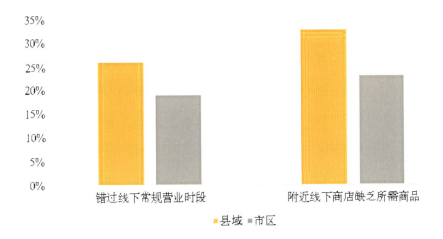

图 3 居民选择即时零售的不同原因比较

数据来源：美团研究院（N=158）

三是县域消费者增速快，中青年是核心消费客群。从消费者规模看，随着农村居民人均可支配收入的提升和线上消费习惯的逐步养成，县域即时零售客群规模快速增长，美团平台数据显示，2019—2022 年县域地区闪购消

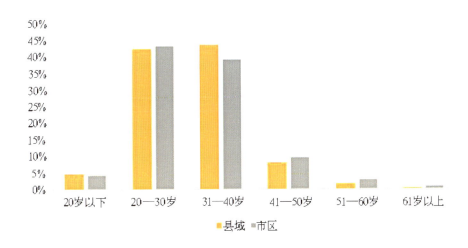

图 4 即时零售消费者年龄结构比较

数据来源：美团数据

费者以 50% 左右的复合增长率快速增加，这一增速高于全国平均水平。从年龄结构看，20—40 岁县域居民是即时零售的主要客群，其中，20—30 岁年轻用户约占县域消费者总人数的 42.3%，该比例与市区基本持平；30—40 岁中年用户占县域消费者总数的比例达到 43.7%，比市区高出 4.1 个百分点（见图 4）。

四是县域即时零售消费品类结构不断扩展。调研问卷结果显示，县域即时零售消费者主要的消费品类与市区基本相似，休闲零食、酒水饮料、蔬果生鲜、肉禽蛋奶、粮油副食是主要消费品类（见图 5），这些品类商品具有高即时性或低便携性等特点，如休闲零食、酒水饮料品类冲动性购买属性较强，消费者购买后期待能够快速使用；蔬果生鲜品类对保鲜要求高，需要快速送达；粮油副食品类多为重货，便携性低，消费者购买后期待由专人配送到家。此外，县域即时零售的消费品类不断扩展，逐渐覆盖消费者各项生活所需，居家日用、蛋糕甜品、医药保健、数码电器、美妆个护等品类的即时性消费需求也在不断增加。

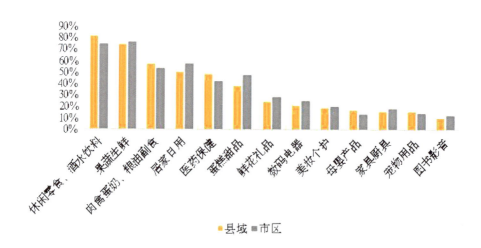

图 5　即时零售消费品类对比

数据来源：美团研究院（N=158）

（二）未来即时零售在县域有长期潜力

在需求拉动和供给推动的作用下，县域即时零售发展具有长期潜力。在需求侧，县域居民的线上消费习惯已经养成，便利化消费需求也在不断提升。随着互联网基础设施的快速下沉，农村居民的网络消费习惯逐渐养成，国家统计局数据显示，2022 年农村网络零售额占农村消费品零售额的比重为 37%，创历史新高（见图 6）。在传统电商培养起用户"线上下单、送货上门"的习惯之后，县域居民，尤其是县城居民更加希望能在多个方面拥有省心、省力、省时的消费体验，对即时零售模式"随时线上下单，更快送货上门"的需求也日益增加。美团研究院的问卷调查结果显示，近 45% 的县域受调查者在过去一年中增加了使用即时零售购物的行为。在诸多需求场景中，"没有特殊原因，只觉得即时零售又快又方便"（74.1%）、"我平时比较忙，即时零售更省心、省时、省力"（43.1%）、"不习惯 / 不愿意线下购物，希望送货上门"（37.9%）位列即时零售县域消费者的消费动机前三项（见图 7），表明即时零售越来越成为县域消费者满足日常需求的惯用选择。

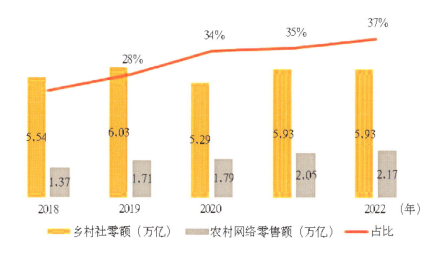

图 6　2018—2020 年农村网络零售额占农村消费品零售额比例

数据来源：国家统计局、中国农村电子商务发展报告、中国数据乡村发展报告

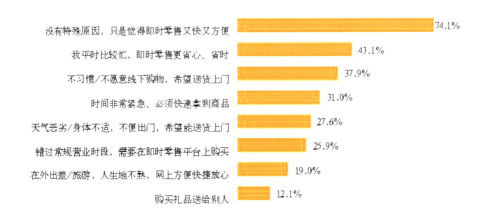

图 7 县域居民使用即时零售购物的主要原因

数据来源：美团调研问卷（N=158）

在供给侧，尽管县域商业体系日趋丰富和完善，但是单纯的线下供给仍然无法满足本地需求。我国县域商业供给水平偏低，县域居民的消费需求大多通过本地传统综合商贸服务中心、大众便利店、夫妻便利店和部分小型商业广场满足，大型连锁商超便利、数码3C等垂类门店相对稀缺。尽管近年来越来越多的零售企业开始布局县域市场，但是县域商业仍然存在网点密度不足，商品品类单一，供给质量不高，和居住区、办公区融合不紧密不充分等短板，即时零售在既有零售网点布局下通过细密的履约配送体系覆盖更广区域，能够帮助缓解县域商业设施布局不均衡的问题，有望成为未来县域商业体系的新增长点。

二、即时零售能有效推动县域经济高质量发展

即时零售消费新业态的快速发展，不仅适应和满足了县城建设和乡村振兴的内生需求，还从扩内需、稳就业、促发展、助融合等多个方面助力县域经济高质量发展，更好地满足当地城乡居民对美好生活的需要和对高品质幸福生活的追求。具体来看，即时零售是县域经济高质量发展过程中的消费催

化剂、就业蓄水池、转型助推器和融合加速器。

（一）产生增量消费，推动扩大内需

县域消费对于我国实行扩大内需战略极为重要。实施扩大内需战略、促进形成强大国内市场，是新形势下推动高质量发展的战略选择，而县域发展是扩大内需的重要引擎。县城以及广大的县域乡村地区，包括了我国90%左右的国土面积与50%以上的人口，是扩内需、促消费的主要对象，但是现阶段县域消费与市区的差距还很大，人均消费支出仅为地级及以上城市城区的2/3左右。由此可见，县域地区还存在着强大的市场潜力，这部分地区人群的消费习惯和偏好不仅深刻影响着商业形态，其消费意愿、消费能力和消费环境的改善也会对经济社会发展产生巨大的推动作用。

即时零售业态对县域消费有显著的增量带动作用。即时零售通过满足广大县域居民的便利化消费需求，进一步激发出大众的消费潜力。一方面，即时零售通过满足消费者的强时效性需求创造消费增量。消费者在就餐、聚会、娱乐期间对酒水、饮料、零食等商品有极强的时效性需求，具备典型的"非满足即消失"特征，若配送时长超过半小时，部分消费者就会放弃消费。即时零售能够将商品的配送时间控制在半小时以内，可以满足消费者强时效性需求从而创造消费增量。此外，在外出需要充电线、生病居家需要送药上门等紧急情况，或在节庆、纪念日需要购置鲜花礼品等场景下，即时零售不仅提供了商品的使用价值，还产生了幸福感、安全感、获得感等情绪价值，从而在消费的"量"之外也实现了"质"的增加。

另一方面，即时零售通过时间、空间扩展带来消费增量。从供给角度看，县域零售体系和商业基础设施还有待完善，尤其在零售店营业时长和网点密度等维度上与市区存在着较大差距。县域的传统线下零售店铺、商超的营业时间普遍为8点至22点，在非常规营业时段县域消费者的购物需求难以得到满足。即时零售通过与24小时便利店、前置仓、药店合作，满足居民非日常时段（22点至次日8点）的消费需求，为民众提供全天候商品供给与配送服务，美团平台数据显示，县域非日常时段订单量占全天订单量的19%，比市区高出 1 个百分点。同时，即时零售的模式可以与线下商业设施紧密融合，将可触达的商超店铺物理半径从 500m 扩展至 3km 以上，实现销售增长。美团研究院 2022 年发放的问卷调查结果显示，消费者主观报告自己每通过即时零售消费 100 元，约有 30 元属于新增或额外消费，据此推算，2026 年县域的即时零售市场规模预计达到 2400 亿元，将会创造近 720亿元的消费增量。

（二）扩大稳定就业，促进创新创业

即时零售以县域实体经济为依托，创造了大量本地就业机会。一是拓宽县域就业空间，提升县域地区的劳动参与率。即时零售在各个垂直领域都催生了大量就业机会，网约配送员、水果"质检"员、线上运营人员等新职业不断涌现，这些新职业具有更强的包容性，是县域劳动者实现就近就地就业的重要载体。与市区相比，县域地区缺乏足够的就业机会，同时大量适龄劳动者因照顾家庭等需要无法外出务工，即时零售业态成为这些适龄劳动者进入劳动力市场的渠道。以云南某县为例，该县网约配送骑手中 20% 为女性，较所属地级市高出 10 个百分点。

二是帮助劳动者实现就业转化，提供兜底性、过渡性就业机会。在县域地区产业升级和转移的过程中，部分劳动者因无法适应新产业对技术和经验的需求，出现"结构性"失业。即时零售在县域创造了大量低门槛的就业机会，能够帮助劳动者实现职业转换与过渡。我们在江西某县的调研发现，伴随该县工矿企业的衰落，部分工人就地转化为网约配送员，从而实现了职业生涯的过渡。

三是帮助劳动者提升劳动技能和就业竞争力。当前，劳动力市场对从业者技能的要求不断提高，如对外经贸大学发布的《2021 年新生代农民工职业技能报告》显示，在新生代农民工从事的工作中，27% 的工作对数字化相关的技能存在需求，但在被调查的新生代农民工中，仅有 9% 具备一定的数

字化技能。即时零售使数字经济拓展到县域地区，为劳动者提供了适应数字经济的机会。南开大学及美团研究院的研究表明，外卖骑手在工作过程中，锻炼了人际沟通、情绪调节、主动学习、操作生产工具、处理突发与异常情况等多种技能，这些技能让骑手能更好地适应数字社会的发展变化，从而拓宽了未来的职业选择。

即时零售作为一种商业模式创新，也正在成为一个重要的创业方向。一方面，即时零售业态提升了县域创业的环境和氛围，降低了创业门槛，帮助大众实现低成本创业。即时零售作为门店延伸，丰富了供给品类，生鲜食杂、日用百货、数码 3C、服饰鞋帽等垂直品类门店都有了更广阔的生存空间，依托即时零售业态，大量中小商户实现低成本创业。此外，随着县域即时零售的发展，以前置仓为代表的多种新型经营方式在县城不断涌现，帮助更多县域居民实现创业梦想。

另一方面，即时零售在县域的快速发展，也吸引大量年轻人从大城市返乡，在本地进行创业。比如河北本土便利店品牌 36524 的相关负责人表示，36524 在省内各个县域都有布局，满足消费者的购物需求，加上本土便利店品牌加盟成本低、收益率高，不少"95 后"小镇青年都决定回家乡加盟创业。即时零售的发展增强了县城人才的存量和吸引力，为县域经济的可持续发展注入了更多动力、活力和潜力。

（三）盘活传统业态，助力商业转型

健全的县域商业体系对于县域高质量经济发展至关重要。从我国当前发展情况看，传统城镇化已经基本实现帮助农民进城就业、居住的基本需求，传统意义上的工业化、城镇化也已基本到位。未来的城镇化需要进一步解决的是城市本身的更新、升级和功能再造问题，是更好满足人口市民化、健全公共服务的城镇化，也是为城市和周边农村居民提供高品质生活的空间，现代化商业环境，便利化消费氛围，引领居民消费水平提升的城镇化，这也是中国式现代化的重要特点和关键组成部分。在这一过程中，数字化、便利化、线上化是县域商业体系创新、转型和完善的重要方向。近年来多项政策文件均对县域商业提出了数字化转型的要求，如 2021 年商务部等 17 部门《关于加强县域商业体系建设促进农村消费的意见》指出，"支持企业数字化、连锁化转型。引导供销、邮政、快递和农村传统商贸流通企业运用 5G、大数据、人工智能等技术，强化数据驱动，推动产品创新数字化、运营管理智能化、为农服务精准化，加快转型升级。"2023 年商务部等 9 部门办公厅(室)印发的《县域商业三年行动计划(2023—2025 年)》指出，针对县域中小企业，要"依托已有平台资源，提升区域数字化服务水平，为企业提供成本低、实用性强的数字化转型解决方案，推动数字应用从销售前端向采购、库存、配送等全过程延伸，加快线上线下融合"。

即时零售帮助传统供给体系转型升级，是县域传统零售业态推进数字化转型的重要抓手。即时零售通过在"订采收—进销存—仓拣配"等多个环节发挥三方面的赋能效应帮助零售商户提效增收：一是赋能营销获客。即时零售能够帮助县域零售商户进一步丰富交易场景，扩展经营范围，吸引新的年轻消费群体。实体店铺受选址和面积的影响，客群覆盖范围有限，接入美团闪购等即时零售平台后，店铺能够便捷地接触到平台积累的巨大用户群体，更好地定制符合目标群体的营销活动，开展消费者感兴趣、吸引力强、营销效益显著的营销活动，灵活调整折扣方式、优惠力度、促销品类，同时降低消费者的搜寻成本和交易成本，提高消费者的满意度、忠诚度和线上营销转化率。二是赋能运营管理。即时零售平台开发的各类数字化系统能够从商品管理、履约管理、库存管理、员工管理、财务管理、用户管理、供应链管理等商家经营环节着手，全链路、全场景地助力商家提升经营效率。以美团"牵牛花系统"为例，该系统无须替换企业在采购、运营、销售等方面的原有系统，便能打通商超原有的线下系统和线上多平台、多渠道经营数据，可以帮助县域的大量传统连锁商超便利店实现"轻量"数字化转型。三是赋能履约配送。即时零售在交易环节线上线下相融合，在配送环节"无中转、点对点"的显著特征，优化了履约模式，有效地提升了商户的履约效率，提升物流、信息流、资金流的流动速度。美团研究院联合首都经济贸易大学，通过匹配 105 家样本商户的实体店铺线下销售数据和美团线上销售数据，测度了即时零售业务对店铺总体销售的影响，研究发现：线上即时零售业务订单月增量和销售额月增量分别对店铺总订单月增量和总销售额月增量有正向的促进作用，线上月订单增量每增加 1%，店铺总订单月增量增加 0.086%，线上月销售额增量每增加 1%，店铺总销售额月增量增加 0.049%。实证结果表明，即时零售业务有效赋能实体店铺的线下业务，提升了实体店铺的订单量和销售额。

（四）支撑城乡融合，带动产业升级

城乡融合是县域经济高质量发展的内在要求，在城乡融合的过程中，即时零售对城乡经济、民生、消费和商业体系都发挥出了辐射带动作用。今后一段时期是健全城乡融合发展体制机制、破除城乡二元结构的窗口期。县城位于"城尾乡头"，是连接城市、服务乡村的天然载体，更好发挥即时零售对县域商业体系建设的助推作用，有利于增强县城的综合服务功能，促进城乡之间商品、要素的平等交换和双向流通，有助于统筹推进县乡村商业网点空间布局、业态发展、基础设施建设等，形成县乡村功能互补、错落有致的空间发展格局。

一方面，即时零售发挥了上行效果，能帮助城乡之间建立更紧密的产销衔接，拓宽特色农产品上行通道，减少流通环节，提高流通效率，降低流通损耗。如美团旗下的生鲜即时零售业务小象超市，与 450 多个产地供应商、380 个农业基地进行合作，通过农产品品质提升和标准化生产，加大优质农产品源头直采，提升农产品供应链效率，使农产品从原产地直达餐桌提速，让更多特色农产品高效对接上大市场，既能培育农产品品牌，增加农民收入，又能让城市消费者获得质量更优、价格更合理的农产品。当前，农民等源头生产者已经共享了即时零售的发展成果，比如"平谷大桃"，仅小象超市一家合作商就能帮助当地 250 名农户实现增收近 500 万元。另一方面，

即时零售体现出下沉效应，能引导城市的生产流通企业下乡，带动仓储、物流、数字运营、线上营销等环节的一系列新产品、新服务、新技术、新理念从城区、县城向乡村扩散，即时零售平台上的销售数据和用户反馈，也会反哺农业生产、采摘等环节，进一步督促农户和供应商调整生产种植计划。此外，即时零售还能在消费习惯、生活方式等方面发挥示范效应，逐步缩小城乡消费差距。

产业升级是更好发挥县域吸纳带动作用的应有之义。相关研究认为，一般制造业发展对城市发展的影响基本上是量的影响，即影响城市规模的扩大，城市人口和就业的增加，而服务业的发展对城市发展的影响则基本上是质的影响，即强化城市的市场功能，提升城市形象。在此背景下，城市化更重要的内容应是调整主导产业业态，提高第三产业占比，逐步形成"三二一"型产业结构。即时零售业态可以进一步发挥其在"商流""物流""资金流""信息流"上的赋能提升优势，不仅能促进商贸服务业高质量发展，还可以联动制造业、农业，帮助交通、通信、仓储物流、信息、旅游服务等第三产业蓬勃发展。这有助于实现产业融合，优化产业结构，促进一批县城和乡镇传统的农业经济、工业经济向商贸带动型、服务带动型经济转变。大力发展即时零售，提升县域尤其是县城的服务业、商贸业占比，还能使县域有限的经济要素，包括人口、资金、技术、数据等向县城集聚，能更好地提升县城对周边乡村的就业吸纳能力和消费吸引能力。区别于其他类型的电子商务模式，即时零售是用本地供给满足本地需求，能更好地蓄积县域经济发展动能，将经济发展的成果真正惠及本地居民，实现本地就业、税收、投资的提升。

三、更好发挥即时零售对县域经济推动作用的政策建议

（一）营造即时零售消费良好发展氛围

为更好发挥即时零售对县域消费的带动作用，建议加大即时零售领域消

费券的发放力度，丰富发放方式，扩大消费券覆盖的商品品类范围，开发节日和假期专用消费券，通过"政府出资、企业承接""政府出资、企业配资""政府指导、企业出资"等多种方式加强消费券政企合作。加大对即时零售的宣传力度，通过线下推广与线上宣传、传统媒体与新媒体相结合的方式增加曝光，进一步发挥即时零售对居民消费的激发作用。鼓励行业协会、即时零售电商企业积极主办或承办相关展会、对接会、洽谈会，强化行业和公众认知。探索建立即时零售行业协会，加强政企协作，更好发挥政策对新业态新模式的指导和引领作用。

（二）加快提升县域即时零售供给水平

大力推动县域的连锁经营企业、大中型商超、百货商场、专卖店、小型夫妻店等传统零售企业依托即时零售业务实现高质量转型升级，鼓励地方特有品牌、特色农产品、知名老字号和重点生产加工企业等供给方、品牌方和即时零售电商平台合作开展即时零售业务，打造即时零售的地方爆款产品，带动和扩大销售规模。更好发挥数字技术对行业发展的创新引领作用，推动传统零售行业的线上化、数字化改造，对接入即时零售 SaaS 系统的零售企业和中小商户，按照其使用费用给予优惠补贴或给予一次性补助。

（三）进一步提升县域就业的公共服务水平

随着即时零售带动就业规模的提升，有必要加快将从业者纳入公共就业服务范围，推进就业服务均等化。完善"互联网＋公共服务"，提升从业者享受公共服务的便捷化水平。针对即时零售新业态，完善从业者的职业教育体系，对于依托即时零售就业创业的群体，通过开展政企学研合作的培训方式，开发实践导向的课程，提升劳动者的职业技能水平。此外，鼓励企业对从业者开展培训，并对培训给予适度补贴。可参照个体工商户、小微企业，制定适用于即时零售从业人员的个人所得税优惠政策。对于依托即时零售开展创业的人员，也在税收、补贴等方面予以一定扶持。

（四）更好发挥前置仓新供给模式的补充效应

当前即时零售前置仓等新型供给模式能有效解决县域地区的传统供给不足的问题，是商业体系的重要补充，但是前置仓在选址建设、资质审批等方面还存在一定的障碍。建议引导盘活闲置厂区、利用现有楼宇等为企业提供前置仓选址建议、租金优惠等支持；适度放宽针对前置仓业态属性、证照资质认定管理的相关规定，给予前置仓业态与便利店、超市、社区菜店等便民业态同等的财政、税收、租金等相关支持；对即时零售新品类，如宠物药品、果切果捞、生鲜熟食等商品进行分级分类管理，简化线上售卖资质，简化前置仓冷库质检证明，探索以事中事后为主的新型监管模式。

年度热词

体验型消费：如果一件商品 / 服务能带来更好的使用体验或者满足自己的情绪价值，贵一点也可以买。它们与其他消费品的最大区别在于：人们从单纯地"购买—使用"，变成主动参与、沉浸其中的体验者

特种兵式旅游：顾名思义，就是强度像特种兵拉练一样的旅行，游客本着"宁可委屈自己，也不能委屈假期"的原则，在有限的假期里体验到更多的精彩。简而言之，就是利用周末或节假日等时间，用尽可能少的时间游览尽可能多的景点

演出经济：指演唱会、音乐节、话剧、儿童剧、音乐剧等演出带来的经济效应，除了卖票收入，演出也是旅游资源，它能够吸引不同地区的观众前来观看，撬动观众在当地进行旅游消费（包括交通、住宿、餐饮、购物、游览等），被称为"行走的 GDP"

NOW 时代："NOW 时代"即"想要就要，即时满足"的消费时代，这是一种高确定生活方式，为实现"Everything Now"的消费体验，美团针对"NOW时代"发布了"LBS"全新公式：Everything Now（万物到家）= Live Now（即时生活）+ Business Now（即时经营）+ Service Now（即时服务）

即时零售：即时零售是以即时配送体系为基础的高时效性到家消费业态，属于典型的零售新业态和消费新模式。即时零售的主要特征是"线上下单，线下 30 分钟送达"，其供给高度依赖本地门店。即时零售业态的发展创造更多的本地就业机会

空包式出行：指越来越多消费者习惯空包轻装出行，到目的地'随买随用'的出行方式，从日用品到美妆、药品甚至母婴用品，这些途中所需皆由外卖解决

港人北上：指 2023 年香港与内地全面通关之后，由于内地吃喝坑乐消费的"百花齐放"与"物美价廉"，以及人民币汇率影响，大量香港居民在节假日前往内地的深圳跨境消费的趋势。北上范围后来扩展至内地其他城市，如珠海、广州

疆浙沪包邮区：最早为江浙沪包邮区，指电商发达的江浙沪地区，不管网上买什么东西基本上都可以做到"包邮"，而新疆、西藏等地由于地处偏远、运输成本高等因素一直以来都有不包邮的传统，如今随着我国电商产业的不断发展以及新疆物流基础设施的不断完善，偏远地区的物流成本也在慢慢降低，多个电商平台为新疆推出了包邮服务，"江浙沪包邮区"升级为"疆浙沪包邮区"

 产业篇

"新质生产力"推动产业升级，数字技术加持行业转型

人类对于科幻时代的终极幻想，似乎正在一步步走向真实。2023 年，以 ChatGPT 为首的人工智能掀起一轮科技大爆炸，遍地开花的人工智能应用前所未有地贴近人们的日常生活：让 AI 为自己制作出游计划、修改代码、创作画作、修改英语试卷、练口语、做心理咨询、做视频分镜……只有你想不到，似乎没有 AI 做不到的。

生活之外，人工智能作为产业变革的重要驱动力，其技术突破也重新定义社会生产范式。AI 时代，几乎所有行业都值得再做一次。浙商证券指出，AIGC（生成式人工智能）的发展将会刺激科技第三次创新及第四次 AI 浪潮的涌现，从而开启新一轮创新大周期。以人工智能为代表的科技新动能，正与各行各业产生奇妙的化学反应，一步步催化着产业升级与发展。

2023 年 9 月，习近平总书记在黑龙江考察调研期间首次提出，整合科技创新资源，引领发展战略性新兴产业和未来产业，加快形成新质生产力。

何谓新质生产力？在 2023 年底中央经济工作会议上有更深入的解读："要以科技创新推动产业创新，特别是以颠覆性技术和前沿技术催生新产业、新模式、新动能，发展新质生产力。"

所谓新质生产力，就是代表新技术、创造新价值、适应新产业、重塑新动能的新型生产力，它们脱胎于科技创新，是服务战略性新兴产业以及未来

产业的重要驱动力。

我们观察到，过去一年，中国产业在新质生产力作用下出现的几大重要动向：

新服务：生活服务业的全链条数字化加速打通，商家们从底层的决策环节，到中间的生产经营环节，最终的销售触达与营销，都有了越来越多的数字化工具，服务业的效率提升，正在缓解大国发展的"鲍莫尔病"①。

新制造：数据作为新生产要素，已然是各行各业的增长新动能，人工智能大模型开始深入应用领域，"人工智能＋"叠加"数据要素×"，逐渐成为中国形成新质生产力的重要公式，带来了更广阔的想象空间。

新业态：当中国企业加速出海布局，中国制造的传统优势正转型升级为数字化供应链优势：互联网＋采购、物流、营销、金融支付等方面的应用，已经成为中国制造出海的比较优势。

诚如国务院《"十四五"数字经济发展规划》所指出的，发展数字经济是把握新一轮科技革命和产业变革新机遇的战略选择。数字经济是数字时代国家综合实力的重要体现，是构建现代化经济体系的重要引擎。

当传统基建时代悄然远去，新一轮科技革命浪潮此起彼伏。我们正在迎接一场生产力的跃迁。

---

① 鲍莫尔成本病是 1965 年美国经济学家威廉·鲍莫尔提出的，通常指的是制造业这种生产率快速发展的部门会被服务业这种相对"停滞"的部门抢走劳动力，由此提升服务业的成本，从而拖累国家经济增长。

全链条数字化延伸，
生活服务业花样翻新

"不是大牌买不起，而是国货更有性价比。"2024年，年轻人不断挖掘质高价优的国货品牌，将雪花般的订单化作"泼天富贵"，结结实实涌向老字号们。

与之相呼应的，是供给端一大批老牌国货集体加入直播电商赛道，从头学起，通过直播间与消费者们建立起联系。这些沉寂已久的"老面孔"们，在多个电商平台掀起了一波"怀旧杀"，成为年轻人的消费"新宠"。

"是690万人的善良，救活了这个企业。""活力28"成都代工厂成都意中洗涤用品有限公司（以下简称"成都意中"）副总经理胡文忠没有想到，半年前还被他认为虚无缥缈的电商和网络销售，今时今日能够让濒临破产的工厂满负荷运转，甚至一度卖断货。

"活力28"始建于1950年，是湖北荆州沙市的一个国产品牌。由于经营不善，去年6月就宣布遣散所有员工。随后，作为代工厂的成都意中紧急开启了"清仓式自救"，在抖音直播间开了账号。在他们的规划中，卖完剩下的货，可能就将面临倒闭。

出乎意料的是，三个厂里从未接触过直播、平均年龄超过五十岁的"老头"——分别是车间主任、生产主管，还有仓库主管组成的"老年主播团"爆火。他们在网友们的一步步指导下，以工厂车间为背景，创造了最高1800万人同时观看，一夜爆卖500万元的纪录。

这些"老年主播团"之所以能获得网友的关注，除了产品本身性价比高之外，几位"老头"在带货上的"不专业"与其天然的质朴，也频频制造网络热梗,在一众帅哥美女主播中成为"清流",让不少"路人"转变为"铁粉"。比如,直播期间展示商品的"小黄车"丢了,面对粉丝的提问,一位"老头"竟然跑到车间门口展示了黄色的叉车,表示车没丢,"丢不了,我们厂子有保安",惹得观众捧腹。此外,"老年主播团"在一次直播间将因标错价格而多收的 230 万元退还消费者,也成为一时佳话。一位河北"铁粉"这样点评这个直播间:"这里没有'1、2、3 上链接'的套路,只有真诚的表达和平等的交流。"

围观就是力量,订单就是产量。短短几个月时间,公司发生了天翻地覆的变化:产能翻了好几倍,就业岗位增加了几百个,员工工资从平时的三四千元,上涨至七八千元,有的一线员工能拿到一万多元。"不光是我们厂子,上下游产业链也都盘活了。"胡文忠非常欣喜,他看到,从原料、包装到物流等相关环节企业,都因此受益。

"活力 28"只是老国货直播狂潮中的一个代表,自从通过直播"触网"后,不少籍籍无名的老国货品牌重新得到消费者的青睐。美妆品牌"郁美净连夜通网"冲上热搜,国产日化品牌红卫董事长为证明肥皂安全无添加,生吃肥皂引来消费者围观惊叹,蜂花、孔凤春等"妈妈辈"国产洗护美妆品牌出圈,海南南国、莲花味精等食品类老牌国货也纷纷试水短视频与直播,拥有了证明产品质量的机会。

敞开怀抱拥抱短视频与直播

的老国货们，迸发出令人惊喜的销售力。天猫数据显示，过去一年，淘宝天猫上有 2840 个中国品牌成交额破亿元，在所有过亿元品牌中的占比高达 75%。

艾媒咨询《中国直播电商行业研究报告》测算，2023 年我国直播销售额或达 4.9 万亿元，同比增速高达 35.2%。商务部电子商务司负责人指出，直播电商推动产业转型，目前企业自播比例提升至接近一半，店播、厂播、走播等新场景不断拓展，老字号纷纷通过直播触网，拓展营销渠道。

老国货爆火背后，比起线上销售模式的打通，更重要的是老国货所坚守的老企业家精神，通过线上模式被越来越多消费者看见，并且得到认可。2024 年 2 月，被誉为"良心国货企业家"的娃哈哈创始人宗庆后因病去世后，娃哈哈官方店铺销量 2 天涨超 500%，官方店铺多款产品卖断货，不少网友认为，"宗庆后的人品好，产品也值得信赖。"

消费者们支持的，是宗庆后所代表的求真务实的精神，比如纯净水瓶身标注净含量 596ml，而非笼统的 600ml；消费者们支持的，是宗庆后代表的关爱员工精神，比如公司不开除 45 岁以上的老员工，还为员工们在黄金地段建设了多处廉租房；消费者们支持的，是宗庆后代表的事必躬亲、简朴奋斗的企业家精神，"他在公司最早上班、最晚下班，70 多岁了也坚持走访市场调研"，"老板简朴惯了，一年的花销不会超过五万"……数字化的力量，能够将当下难能可贵的一些精神力量放大传递。

从达人（网红、明星、KOL 等）带货直播，到店家们纷纷入局，自发玩起店铺直播，数字化对商家们的改造已经是大势所趋，直播电商也由此迎来了下半场。阿里数据显示，去年"双 11"全周期出现了 89 个破亿直播间，其中店播 64 个；834 个破千万直播间，其中店播 675 个。艾瑞咨询研报也曾预测，到 2024 年，店播成交额占整体直播电商的比例将由 2020 年的 32.1% 增长至 54.2%，并将持续稳步上升，直至 2026 年的 56.1%。

对于千千万万个大小品牌商家而言，直播电商已经不仅仅是简单的流通渠道，更是推进全链路数字化的重要新型商业基础设施。

2019—2026年中国直播电商店播与达人播的市场规模占比

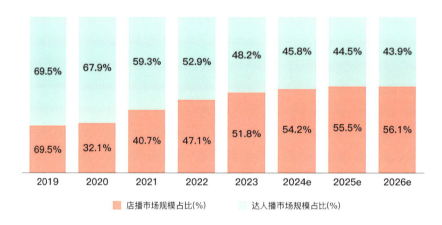

	2019	2020	2021	2022	2023	2024e	2025e	2026e
达人播	69.5%	67.9%	59.3%	52.9%	48.2%	45.8%	44.5%	43.9%
店播	69.5%	32.1%	40.7%	47.1%	51.8%	54.2%	55.5%	56.1%

■ 店播市场规模占比(%)　　■ 达人播市场规模占比(%)

资料来源：专家访谈，公开资料，艾瑞咨询研究院自主研究及绘制。

不仅有直播，更多好用不贵的数字工具，正如雨后春笋般冒出，让商家们实现更轻巧的"数字化转身"。

例如，餐饮界的多家老字号们在拥抱外卖直播之余，还结合了新式营销工具——美团"神抢手"。去年中秋节，为了让老字号能够迎接更多的流量，美团专门在北京、上海、深圳与西安四个城市同步开启"老字号中秋专场"直播。在直播中，全聚德、便宜坊、峨嵋酒家、金鼎轩、杏花楼、西安饭庄、点都德等30多家老字号品牌，都用上了美团外卖"神抢手"这个营销工具。他们通过推出1—2款招牌商品，进行限时限量特价售卖。消费者下单后，可以立即下单核销，实现"即看即点即达"，也可以囤起来，想吃的时候再下单。

这种办法，不仅满足了消费者的即时需求，还激发了更多的非即时需求，帮助商家带来额外销量和更多收入。"中秋将至，原价只要58.5元，可能还需要排队才能买到的老字号月饼，现在只要36.9元。"拥有142年历史的上海老字号"大富贵"在美团"神抢手"直播间试水外卖券包销售，没想到，直播当天外卖套餐券被瞬间"秒光"。不少用户边看直播边下单，半小时后就通过外卖吃上了老字号美食。直播当天，大富贵外卖券包售卖销售额周同比增长 246%，订单量周同比增长 215%。

此外，依托美团买药后台的数字化能力，成都以泉源堂为代表的连锁药店都迎来了精细化运营的春天。"通过美团买药商家平台的需求洞察工具，我们发现北方城市流感相关药品销量的增长趋势，与美团充分沟通后，我们及时储备了充足的奥司他韦和测试拭子等流感相关药品，及时赶上了北方城市用户集中爆发的用药需求。"泉源堂相关负责人介绍，2023 年 11 月，这一连锁品牌的奥司他韦销量在美团买药上的销量位居全国第二。

这种精准的需求洞察，不仅能够帮助商家提前备货，还提高了连锁药店的库存周转效率。在大数据加持下，泉源堂库存周转效率提升了50%。

另一边，结合创意设计、创意技术、图形算法、自然语言理解等多种功能，支付宝平台上线了创意海报 AI 版，这让街头巷尾的手艺人们，也能轻松拥有独属于自己的宣传海报，宣传自己沉淀多年的手艺，成为街头一道亮丽的风景线。

"每只鸡每只鸭每块猪肉，都要香喷喷地走过我这一'糟'"，60 多岁的"糟味馆"老板沈志华在杭州西湖边拥有一家老店，专门卖酒糟卤味。这是一种在坛子里将肉和酒糟逐层叠加，腌制十天，使得肉带上酒香的独特腌制手法。在海报里，他手捧鲜鸡，对着镜头微笑。海报上除了吆喝糟肉的美味，还发起了"招徒启示"——"我做了 23 年'糟肉'，想招徒传承这门手艺"。

"糟伯伯"之外，还有杭州大马弄的网红徐奶奶，她在海报上放话"大马弄卤肠我说第二，没人敢说第一"，直观展示了她高超的卤菜手艺；经营无声杂粮煎饼店的年轻人张先进是一名聋哑人，但他依托 AI 技术，将自己想对顾客说的都写在了海报上——"遇到人生的关键机会，就要像手抓饼一样，牢牢握紧"。

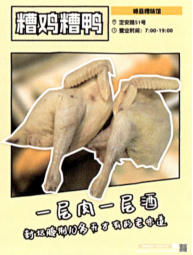

本店推荐使用支付宝　　　　本店推荐使用支付宝

有研究显示，在餐饮业，只要商品被消费者看到三次，其点单率就会提高 60%，一张餐厅海报能够帮商家提高至少 30% 的营业额。但目前市面上制作一张海报的成本过百，全年动态更新成本甚至上千，大部分小微企业很难生起宣传营销的意识。

但在 AI 技术的推动下，即使是路边摊老板，只要拍照上传小程序，都能获得定制化的宣传海报，极大降低了宣传门槛。支付宝数据显示，创意海报 AI 版功能上线仅仅一个月，就有超过 70 万商家使用。这些商家们，正如张先进的海报标语那般，牢牢抓住了数字化浪潮的机会。

在服务业数字化转型的过程中，平台的作用已经不容小觑。2023 年 12 月，商务部等 12 部门联合发布了《关于加快生活服务数字化赋能的指导意见》。其中专门指出，要培育生活服务数字化平台，"发挥生活服务平台赋能作用，为传统生活服务企业数字化转型提供支持，增强平台连接能力、感知能力、数据处理能力、智能计算能力、即时响应能力与运作能力，使其成为生活服务数字化的重要基础设施。"

今时今日，互联网平台企业凭借其数字化底座，正进一步深化生活服务业的全链条数字化，为广大商家提供一批数字化工具和解决方案：从宣传触达，到贯穿经营全过程，为商家实现全方位的降本增效——

在越来越多商家拥抱即时零售的背景下，美团闪购推出"牵牛花系统"，为本地零售商家提供全流程的即时零售数字化解决方案，帮助大量商家解决多渠道管理、商品库存管理、履约管理、员工管理等方面痛点；阿里推出模特图智能生成、万相台无界版等 AI 工具，帮助商家在营销投放环节实现降本增效；京东云升级零售全场景解决方案，提出要把大模型做小，在零售垂直领域推出一系列支持商家精细化运营的 AI 工具，帮助商家理解用户，提升运营效率……这些从平台上培育的工具与系统，正在静水深流地改变着中国 1.7 亿市场主体的经营日常，让一切变得更高效。

"节省了进货的时间，不用再像以前那样，还没睡下一会儿就又得爬起来了。"在上海开煎饼店的山东人黄友良，就深刻地感受到了数字化对于小店经营，乃至个人生活的影响究竟有多大。鲜有人知道，一座城市中醒得最早的一批人，往往不是环卫工，而是餐饮店小老板们——为了买到新鲜食材，他们往往需要在凌晨两三点钟就奔赴批发市场，准备一天的美食。

线上采购帮助煎饼小店减轻采购负担，送货上门更加省时省力

但现在，随着餐饮供应链的数字化进程加深，越来越多商家将进货环节转移至线上。黄友良现在通过美团快驴进货订购，新鲜食材每天准时送货上门，自己有了更多时间和精力备餐。如果赶上商城促销，天天都有低价商品，性价比算下来比菜市场还要高。专业的售后服务，也不用担心食材质量问题来回"扯皮"。可以说，快驴进货这种线上进货平台，已经成为广大餐饮业老板们的好帮手与好战友。

如此一来，煎饼店老板可以将精力更多放在经营上——比如，接触更多的数字化工具，利用外卖、团购等，为小店引流，实现全链路的线上化运营，甚至开分店。现在的黄友良，跟妻子一人管理一个煎饼店，一年能挣40多万元。打拼26年，这位山东人不仅在上海买了房、车，还在老家购置房产，儿子也接到身边上学。这是数字化运营对于一个家庭带来最鲜活的改变。

另一边，当互联网平台步步深化与本地食材供给、餐饮商户的连接，提升源头供给效率，就能帮助餐饮门店数字化转型，加速运营效率，提高消费者体验，让小店烟火气在大街小巷升腾。

以往煎饼村的"外乡人"，在上海买房置地成为"新城市人"

美团、大众点评数据显示，2023 年以来，上海区域以"山东煎饼"为关键词的搜索量，比去年同比增长 47%。与之相对应的，是 2023 年美团快驴进货在上海区域服务的山东煎饼客户数量增长 36%，山东煎饼店客群通过快驴进货的线上采购金额增长 74%，主要采购的食材包括鲜鸡蛋、米面粮油、蔬菜水果等。

从开店到经营，从触达客户到营销产品……得益于触手可及的巨量数字化工具，这届商家玩法越发多样与自由。

县域餐饮"上行"，在一线城市"反向扩张"

过去数年，中国餐饮业最为人所熟知的规律是"下沉"——比如，星巴克、肯德基、喜茶等一线品牌纷纷布局下沉市场，上演了县域消费与大城市看齐的一幕。

如今，一个不同寻常的现象出现了：下沉市场的餐饮品牌，已经开始"反攻"一、二线城市。美团数据显示，2023 年 1 月至 11 月以来，闯入一线城市的"县城头部餐饮品牌"平均增速成绩亮眼，

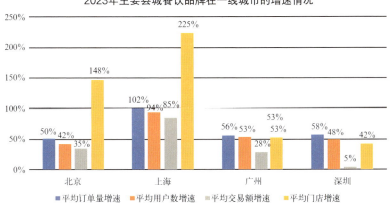

2023年主要县城餐饮品牌在一线城市的增速情况

注1：县域餐饮品牌：创业初期门店主要分布于县城的连锁品牌
注2：统计数据主要对门店数量排名前15%的相关品牌进行汇总分析

订单和用户数平均增速都超过了 50%。特别是在以物价高昂闻名的上海，主要县城餐饮品牌平均门店数量在 2023 年以 225% 的速率增长。

其中，最著名的龙头县城产品品牌莫过于蜜雪冰城、华莱士、塔斯汀等品牌。据窄门餐饮数据，截至 2024 年 3 月，蜜雪冰城在北上广深的门店数量占总门店数量已经达到了 4.9%，且数字还在进一步走高。

曾经被誉为"县城青年最爱汉堡"的塔斯汀，也在 2023 年开启了"闯京城"模式，现在在大众点评搜索，能发现超 20 家门店。而在进军北京之前，塔斯汀已经悄然"攻占"上广深三座一线城市，门店数量分别达到 178 家、110 家和 30 家。至于同类型的平价汉堡华莱士，早就在一线城市开出了超过 1400 家门店。

媒体越来越多留意到，当县城青年在商场里喝到均价 30 元的星巴克的同时，一线城市年轻人在步行街里，喝着 6 元的蜜雪冰城，吃着人均 19 元塔斯汀和华莱士的套餐。城市青年越发倾向理性消费，以及被高性价比品牌"拯救钱包"的叙事，在各大社交媒体平台随处可见。

在这背后，本地零售平台的加持，是县城品牌快速上行至一、二线城市的关键。通过美团等平台，依托团购提升到店客流，依托外卖降低门店的房租成本，"县城品牌"们得以在大城市延续自己的性价比优势。

一方面，美团等本地零售平台拥有显著的双边市场属性，可以同时聚合供给与需求，相当于让品牌在降低营销成本的同时，还能提升品牌知名度和获客效率。比如，通过直播间、团购等运营手段，县城餐饮品牌们得以精准、批量触达了追求"性价比"的消费人群，直接促成消费转化，由此降低了营销成本。

另一方面，本地零售平台帮助品牌在降低房租成本的同时，通过外卖配送等方式低成本地扩大品牌的有效经营半径。

由此，县城品牌既省去了到黄金地段抢高租金位置的成本，也提高了获客效率和运营范围，同时打破时空对餐饮的限制，实现了降本增效，由此才能让利消费者，将"高性价比"四个大字焊牢在品牌上。

而这个逻辑，不仅仅适用于县城餐饮，就连一线品牌都在践行。目前，海底捞、百胜中国、老乡鸡等品牌均在试水外卖"卫星店"。这种品牌"卫星店"，是指通过外卖辐射全域客流的品牌小店，

往往不提供传统的堂食服务，而是专注于提供高性价比外卖和自取服务。

而这种店铺的面积也更小，人力及房租成本低，凭借更轻的模式，往往可以实现更广的市场覆盖，增加品牌曝光度。通过这种形式，品牌能够拿出更实在的性价比，以量换价。

比如，海底捞推出"海底捞·下饭火锅菜"外卖专营店，通过火锅菜搭配米饭的组合，用高频、低客单价的快餐模式重塑传统火锅。

老乡鸡在全国开了6家品牌"卫星店"，其中不少是跟美团外卖合作使用 AI 选址功能落地的，据餐饮老板内参报道，老乡鸡的

深圳"卫星店",已经做到了面积 80 平方米,月流水 60 万元的"万单店"的水准。

还有长沙高端湘菜的代表品牌冰火楼,推出了外卖子品牌"冰火楼外膳",平均门店 50 平方米左右,每家"卫星店"月订单量达到 7000+。按照人均客单 50 元粗略估算,一家单店的月营收能达到 30 万元以上。类似的品牌"卫星店",冰火楼在长沙已开出 18 家,配送范围辐射长沙全域。

"我们开设独立的外膳店,保持独立运营,既不影响门店的堂食品质,又大大提高了外卖出品速度和效率,每一份外卖的品质也得到了保障。"冰火楼创始人胡艳萍表示,"做独立的外卖让冰火楼探索出了新的增长路径,并已上升为公司的战略层面。"

有了互联网平台的加持,品牌得以实现全面的"性价比",在推动县城品牌"上浮"的同时,也让大牌餐饮凭借星火燎原般的餐饮"卫星店",实现了"下沉"。

人工智能深入应用领域，数据资产元年开启

2023 年 9 月 23 日晚，在杭州举办的第十九届亚运会开幕式上，来自全球超 1 亿名的线上"数据火炬手"化作点点金光，汇聚成一个巨大的数字人。它披星戴月，穿过钱塘江，踏着浪花走向奥体中心体育馆上空，点燃圣火，宣告这场盛大的体育赛事正式开启。

在火炬亮起的那一霎，杭州的夜为之沸腾。不只是杭州，全国乃至全世界都为之侧目，《印度时报》如此盛赞：这是一场"真正独特的开幕式"，并指出"令人惊叹的未来灯光秀"融合了人工智能和环保技术，为令人难忘的亚运会体验奠定了基础。这也是亚运会史上第一次实现"数字点火"。

不仅如此，杭州亚运会还是史上首届提出智能办赛理念的亚运会。在这个创造性十足的"科技盛宴"里，随处可见大量惊艳国人的"黑科技"。

比赛现场，有被誉为"最正直的裁判"AI 裁判通过 AI 红外追踪技术，记录选手的每个动作，将相关画面实时转换成三维立体图像，并对选手的各项身体参数和动作角度进行分析，依照国际标准完成打分。这是多模态大模型技术首次在国际大型综合性体育赛事中的落地和尝试；

在亚运村，AR 智能无人驾驶巴士随处可见。通过人工智能与大数据分析，这辆无人驾驶的巴士能够避开 300 米范围内的障碍物、实时传回行驶路线上的交通情况，以便亚运会相关部门灵活调配车辆。

在杭州亚运会和亚残运会物流中心，操作人员穿着《流浪地球 2》同款外骨骼设备搬运物资，该机器人拥有基于人工智能的运动控制算法和模式识别，是国内首款通用型外骨骼机器人；还有能当"导游""翻译"的智能服

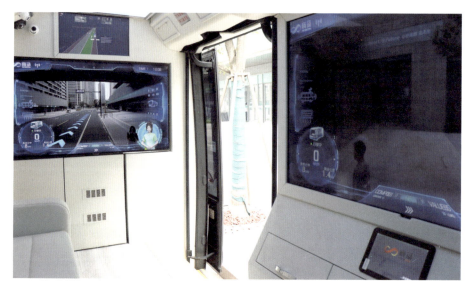

杭州亚运村 AR 智能巴士内部

务机器人、弹奏钢琴的"音乐机器人"、智能消防排烟机器人与巡逻机器人等智能机器人……

大型体育赛事是观察大国发展阶段的绝佳窗口。2018 年雅加达亚运会期间，时任亚奥理事会主席艾哈迈德亲王曾表示，"实现'智慧亚运'将是杭州的最大挑战，而他们也将因此开启一个新时代。"

从震动全世界的阿尔法狗与围棋冠军李世石的围棋人机大战，到杭州亚运会的全面应用落地，人工智能代表的新时代，正呼啸而至。

这种汇聚全民共识的时代印象，与国家统筹布局的步伐同步。2024 年《政府工作报告》出现的新关键词引发全国热议——"人工智能+"行动。报告指出，要"深化大数据、人工智能等研发应用，开展'人工智能+'行动，打造具有国际竞争力的数字产业集群"。

尽管自 2017 年开始，人工智能就与新材料、新能源、集成电路等战略新兴产业并列，共同成为政府工作报告的关键词，但"人工智能+"依然作为新词，首次被写入政府工作报告中。国家发改委对于这个新名词给出了明确解释："+"意味着人工智能技术与经济社会生活的深度互动，与各领域的有效融合。"人工智能 +"即 AI+ 各种应用场景，并在赋能各行各业的过程中，实现产业生态的重塑，引领新一轮科技革命和产业变革。

2015 年，"互联网 +"首次出现在《政府工作报告》后，中国互联网产业就开启了突飞猛进的发展，并深刻改变了中国产业结构以及人们的日常生活方式；九年后的今天，"人工智能 +"的出现，也将推动中国从"互联网时代"迈向"人工智能时代"，让经济社会发生翻天覆地的变化。中国信通院人工智能研究中心常务副主任魏凯感触颇深："我们已经到了这个阶段了，前一段时间推动各个行业数字化，下一个阶段就是智能化，'人工智能 +'在当前阶段恰到好处，这个时机非常好。"

AI 已经不是第一次引发热潮，大模型（指有大量参数和复杂结构的机器学习模型）也并非新鲜事物，但近年来，随着云计算、大数据、网络等新一代基础设施的成熟，以及自然语言处理、计算机视觉、机器学习等关键技术的突破，AI 实现了非线性的跨越式发展，在较短的时间里实现了通用化并大规模普及，彻底打开了人们对人工智能应用场景的想象空间。

人工智能产业井喷式发展，体现在供需两端双旺上。天眼查数据显示，2023 年国内新增注册人工智能相关企业 98.2 万家，同比增加 24.1%；另一边，工业和信息化部赛迪研究院数据显示，2023 年，我国生成式人工智能的企业采用率已达 15%，市场规模约为 14.4 万亿元。专家预测，2035 年生成式人工智能有望为全球贡献近 90 万亿元的经济价值，其中我国将突破 30 万亿元。

人工智能技术最先实现深度融合的，莫过于制造业。在智能制造领域，大模型技术可以应用在工业视觉检测、智能仓储物流、智能运营维护等多个方面，大幅提高生产线的自动化与智能化水平，提高生产效率与质量。IDC 发布的《制造业现状及制造业企业对生成式 AI 的应用》研究报告显示，来自制造业的受访者认为，未来 18 个月内生成式 AI 可产生最大影响的前三大领域分别是制造（生产）、产品开发与设计、销售和供应链。

以人工智能为代表的新技术，能在多大程度上改造制造业生产？湖北武汉的岚图汽车工厂，给出的答案是：12 个月。在这个 5G+ 工业互联网工厂里，数据在生产线上"川流不息"，新车型的项目周期已经从 36 个月缩短到 24 个月。

其中，汽车生产的多个环节都被深度改造：研发环节，岚图通过 5G+ 工业互联网，自主开发产品工艺一体化设计平台，打通研发、工艺设计数据流，并应用数字化虚拟仿真技术，自主实施工艺虚拟验证；组装环节，焊接车间的自动化程度达到了 99%，整车焊接全部由机器人自动完成；在零部件检测环节，岚图汽车利用 5G+AI 赋能工业检测，零部件质检效率显著提高，车身控制器电路统计错误率降低 5%；在巡检环节，车间工人带上 5G—AR 眼镜套件，车间内各关键生产设备运行状态就能一览无余，再也不用逐个设备一一检查，车间巡检效率提升 50%，生产操作错误率降低 30%，整体生产效率提升 15%……

"智造力"释放生产力，数据显示，2024 年 1 月，岚图汽车交付新车 7041 辆，同比增长 355%。

工作人员做生产测试

　　除了提高生产效率外，"AI+"的融合实践正在从边缘、辅助环节加速走向智能制造的核心、创新坏节，成为不可忽视的重要新质生产力。比如，在飞机制造领域，中国商飞针对飞机三维机翼复杂流动仿真场景，打造AI仿真模型"东方·翼风"，大幅缩短研发周期；在水泥生产领域，天瑞水泥通过回溯生产数据生成AI模型，原料配比、实时控温等化工生产环节可以自动精准完成……从地上跑的，到天上飞的，AI已经展示出了其强大的应用潜力，带来了众多颠覆性成果。

　　制造业之外，AI在各个行业的应用都在不断加深，成为企业新的业务增长点：

　　在供应链物流行业，大模型在智能航线的规划上潜力极大，如福佑卡车创建首个数字货运大模型，帮助货主与司机降低信息获取成本、提高车辆运行效率、优化运输服务体验；还有美团的第四代无人机，其智能化调度系统连接着远程机组、无人驾驶航空器、机场以及空中交通规划控制模块等单元，借助先进的人工智能技术，可以自主完成订单航线调度。

美团的智能空投柜

2023 年 12 月，上海市区商圈首条外卖无人机配送在五角场合生汇至凯德·国正中心开航。在这个上海最繁华的商圈之一，点一份外卖，最快不到十分钟就能送达。面对最多人关心的安全问题，美团相关人士表示，"我们引入了多元异构组合导航系统，让无人机学会自己'看'路，保障无人机可在楼宇间自由平稳地飞行。"在智能化调度系统的控制下，不管发生什么类型的异常，系统都会在 100 毫秒内做出判断，最大限度化解飞行安全风险。未来，在美团无人机等新业态助力下，低空经济与上海力推的"15 分钟社区生活圈"相结合，还将不断拓展新型消费与服务消费的边界。

在医疗行业，大模型正在被引入临床诊断决策、病例数据管理等方面。例如，联影医疗利用 AI 赋能诊疗一体化全流程，实现全栈全谱的医学影像 AI 研究，提高医学诊断效率；

在金融行业，AI 大模型已经能够帮助众多金融机构在各个场景落地：银行广泛使用其对抵款抵押物进行识别，检测融资项目的进度；保险机构则将其用于理赔单据的识别，以及承保阶段的自动化审核；证券机构则将其用于辅助业务清算，以自动化估值……

你永远想象不到，科技改变世界的落脚点，还会出现在哪里。即使是远在 8500 公里外的北欧大地上，AI 也能深入无数江河湖泊，拯救濒危的挪威野生三文鱼，让其不被入侵物种粉鲑抢夺生存空间，陷入无法挽回的"灭顶之灾"。在这背后，是华为利用人工智能、云计算等技术，创新性地开发了一套水下实时监测的鱼类分流系统，对鱼群实行"鱼脸识别"——三文鱼可以通过闸门进入上游，完成洄游产卵，而入侵的粉鲑，则会被阻拦并分流到旁边的水箱之中，被渔民抓走。这一系统也让华为获得了号称数字经济界"奥斯卡大奖"的 GSMA GLOMO 联合国可持续发展目标杰出移动贡献奖。

这些还都只是 AI 影响人们生产生活的冰山一角。中国信息通信研究院发布的《2023 大模型落地应用案例集》，选出了 52 个大模型商业落地优秀示范，覆盖智能制造、教育教学、科技金融、文娱传媒、医疗、交通等各个行业。花样绽放的大模型正在各种领域创造出经济新动能。

回望过去这一年，我们会发现自己的生活出现了新奇变化——或许是到手的商品变得更加物美价优，或许是手头相册的图片都能真正"动起来"，或许是人人都拥有一个"生活管家"，又或许是遥远的城市上空，又有一个航天器以更快的速度，继续探索世界的尽头……

不管是哪种场景，身处 2024 年大模型元年，我们都在前所未有地见证历史，拥抱未来。

延伸阅读

"数据要素 ×"开启大时代

在 AI 三要素（算法、算力、数据）中，数据是直接影响大模型在垂直行业落地效果的关键。随着 AI 大模型爆火，"数据"的热度也在不断攀升。

2023 年 12 月 31 日，国家数据局联合 16 个部门共同印发《"数据要素 ×"三年行动计划（2024—2026 年）》，指出发挥数据要素的放大、叠加、倍增作用，构建以数据为关键要素的数字经济，是推动高质量发展的必然要求。与之相呼应的，是新成立的国家数据局正式揭牌，开启了完善数据基础制度的大时代。

传统的四大生产要素土地、劳动力、资本和技术，随着同一种要素的不断投入，可变要素的边际产量会递减。另外，传统要素大多是竞争性的，如土地、劳动力等，它们在同一时点不能被多个主体同时使用，价值在使用后容易发生消失或转移。而数据要素不同，其边际复制成本几乎为零，并可被多个主体同时使用，使用后其价值也不被削弱，反而拥有规模经济特性，能随着数据规模扩大而不断累积，形成"滚雪球"式的正反馈。

在数字经济时代，数据是最先进、最活跃的新生产要素，成为 5G、云计算、人工智能等新一代信息技术的关键助推力，不仅能够成为提升全要素生产效率的重要引擎，更是解决生产过剩、供需错配等关键性问题的重要抓手。

当然，要让数据资源变成数据资产，就必须搭建完善的制度环境，让数据要素在市场上实现顺畅流通。赛迪顾问统计数据显示，2023年中国大数据产业规模超万亿，但《中国地方数据发展报告》指出，数据要素供需匹配度均值仅为0.40。换句话说，由于缺乏强有力的顶层设计和行动路线，大量数据资源难以获得，更谈不上和场景应用深度融合。变数据为资产，关键是要构建数据的确权、治理、登记、评估、定价、入表和流通交易的全链路体系。

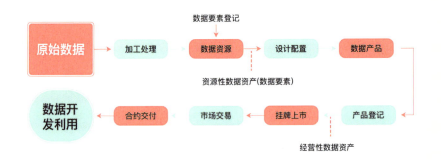

数据价值链：从原始数据、数据资源到数据产品、数据资产
来源：中国科学院院刊"构建全国统一的数据资产登记体系的思考"

总的来说，深挖数据要素"金矿"，构建以数据为关键要素的数字经济，就要分成以下三步走：

一是资源化。只有摸清数据家底，加快探索数据要素纳入各级各类部门的"职责清单"，推动数据按场景需求共享开放成为新常态，才能实现数据资源化。

二是资产化。将数据确定为生产要素，就势必要对数据进行"生产要素分配"，对数据进行确权，以明确数据主体、报酬定价和流转配置。由此，才能健全建立数据资产登记制度、数据资产价值评估标准。

数据确权并不是直接确认数据资源所有权或者数据产品所有权归谁所有，而是依据"数据二十条"政策指导，将数据持有权、加工权、经营权进行合法性审核，有利于打破数据流通领域长期存在的"数据孤岛"和"流通壁垒"，解决各地数据交易中存在的"数据不出省""部门之间不流通""数据确权难"等问题。

义乌·中国小商品指数数据确权三证
2023年，人民网将国内首个小商品领域的数据确权证书颁发给浙江中国小商品城集团

确权后，数据还要经历评估、定价才能实现入表。2024年1月1日起，财政部会计司发布的《企业数据资源相关会计处理暂行规定》正式施行，规定为数据资源的会计处理提供了明确的指导原则。这一里程碑事件也标志着我国在数据资产入表领域正式进入实际操作阶段，数据资产元年正式到来。随后，数据资产入表在全国各地各行业开始争相涌现。

比如，2023年10月，中国企业数据资产入表第一单在温州出现。浙江省温州市大数据运营有限公司的数据产品"信贷数据宝"完成了数据资产确认登记；2024年1月，全国首单工业互联网数据资产化案例在浙江省桐乡市落地，浙江五疆科技发展有限公司要将

"化纤制造质量分析数据资产"入表；2024年1月，重庆巴南区巴渝数智公司将"智慧停车数据"作为入表对象，完成数据资源治理、数据上链存证、数据资产入表工作……

在此基础上，由数据资源入表衍生的"金融化"也出现了落地案例。2024年2月，南方财经全媒体集团（以下简称"南财"）南财金融终端"资讯通"数据资产成功入表，并在广州数据交易所落地融资对接服务下，获得中国工商银行广东自由贸易试验区南沙分行授信500万元。

三是资本化、市场化。只有健全完善数据交易规则和流程，才能促进数据要素流通和转化，实现数据资源价值的最大化利用。

"国家数据二十条"提出，要建立合规高效、场内外结合的数据要素流通和交易制度，引导多种类型的数据交易场所共同发展。据2023年4月国家互联网信息办公室发布的《数字中国发展报告（2022年）》，截至2022年底，已成立48家数据交易场所。2024年1月，在浙江大数据交易中心，出现了首单制造业主数据产品交易。浙江侠云科技有限公司开发了三款数据产品，分别为：水暖阀门行业——产品采购主数据，可为买方提供对铜材料采购趋势、市场动态和供应链管理的深入洞察，其成交价为8000元；水暖阀门行业——产品生产主数据，可帮助买方了解整个行业生产趋势、关键指标，支持产业内部和外部的决策制定与生产流程管理，其成交价为9000元；水暖阀门行业——产品主数据标准，可集成在水暖阀门企业的ERP和MES系统，为企业数据管理和运营提供标准化基础，其成交价为1万元。

国家发展改革委价格监测中心副主任王建冬曾推测，数据基础制度短期内将催生3000亿—5000亿元规模的数据交易市场，中长期看，数据相关市场潜在规模将在60万亿元以上。

2024年，数据资产元年与大模型元年双双登场，拉开了新时代的大幕。

　　"人工智能+"叠加"数据要素×"，正逐渐成为中国形成新质生产力的重要公式。以人工智能为代表的前沿创新技术和以数据要素为代表的新型生产要素，正不断融合迭代，深刻改变着社会的发展模式。

▶ 数字化转型助推全球化，中国企业出海加速

"不出海，就出局！"这是 2024 年涉及诸多行业的中国企业共识，出海已经从"选择题"，变成了"必答题"。

在国内需求不足，产能相对过剩的这一年里，海外市场向中国企业张开了怀抱。锐意进取的企业们高喊着"出海！出海！"，携大量产品、供应链与配套服务，悄然从 Made in China（中国制造）迈入了 Created in China（中国创造）的新阶段，创了一个盛大的出海元年。

2023 年，国家有出口记录的外贸经营体首次超 60 万家，其中民营企业数量达 55.6 万家。一项针对出海企业的调研数据显示，近九成中国企业对海外业务的发展较有信心，并期待自身海外业务稳定增长。在已经开展了出海业务的企业中，63% 的企业表示将进一步拓展海外业务。

数字背后，是一幕幕鲜活的场景。2023 年初，在日本大阪闹市区心斋桥，大批年轻人在 SHEIN 开设的快闪店"SHEIN POPUP OSAKA"门口排起了长队。据日本媒体报道，该店开业当天就有 4000 人排队，次日高峰时段排队人数达到 6000 人。不仅是在日本，SHEIN 在西班牙、巴西、爱尔兰等国家的快闪店也出现了大排长龙的盛况。"实惠""潮流""多元"成为 SHEIN 身上最吸引外国消费者的标签。

中国品牌在多国备受追捧，这是较为罕见的一幕——过去几十年，人们更习惯于见到 iPhone 等欧美发达国家品牌创造这种独特的现象。2024 年 1 月 15 日，第三方市场分析机构 data.ai 最新发布的《2024 移动市场报告》显示，SHEIN 登顶全球购物类 APP 下载榜首，连续第二年登顶。

　　最神奇的是，这样一家以为走低端路线的"服装企业"，竟然成功跻身2023年全球独角兽公司前十名的榜单，排名第三，成为唯二的两家中国企业——另一家，是科技企业字节跳动。为什么一家服装企业能够与中国科技企业媲美，并且在极短的时间里成为比肩 ZARA、H&M 和优衣库的全球四大时尚品牌之一？

　　SHEIN 的成功，其实是一个时尚供应链变革迭代的故事，也是中国制造业厚积薄发与先进数字技术融合加持的必然"产物"。传统的时尚产业里，企业们会提前预测流行趋势，并大量生产囤货，再交由零售商售卖。在这个过程里，时尚企业难免会如房间里的大象一般，难以灵活起舞，既囿于库存的堆积，也不能及时响应市场变化。

　　但 SHEIN 通过打造数字化供应链打破了这一旧有模式，它实现了柔性按需的"小单快反"，即以 100 件到 200 件的订单起始量试水市场预测销售，再对其中的爆款快速返单，及时调整生产计划。不仅如此，在消费端，SHEIN 还会通过分析服装流行颜色、价格变化、图案花色等等诸多变量，并分析上升趋势来预判下一个流行爆款。

　　从捕捉到潮流趋势那一刻开始计算，到完成设计研发、下单生产，再到终端成衣发货，SHEIN 反应链的最快周期为 7 天。作为参考，业内鼎鼎有名的供应链管理优秀代表 Zara，即使竭能也只能做到 14 天。还有库存周转期，当 SHEIN 将其降至 30 天时，Zara 们却仍在 120 天内徘徊不下。这是中国企业 SHEIN 给世界时尚品牌们的"亿点点"技术震撼。

　　有业内人士感慨，在服装行业中，它是最懂数字化的；在互联网企业中，它是最懂服装产业链的。

　　类似的案例，在诸多行业广泛上演。随着 TikTok、Temu、SHEIN、速卖通等中国新生代跨境电商平台深入海外市场腹地，Chinese people makes life easy（中国人让生活更容易）变成了一种共识，物美价优的中国制造前所未有地贴近每一个海外普通人。

　　这一年，AMZ123 调查数据显示，美国"黑色星期五"大促中，首次参

江西省赣州市南康区的赣州国际陆港，跨境电商卖家在进行直播带货

战的 TikTok Shop 在美国市场的订单量环比增长了 205%，速卖通跨境仓库的备货量同比去年涨了近 9 倍，Temu 和 SHEIN 继续保持狂飙；

这一年，"中国产品空降韩国市场"成为当地国民的一大感触。2 月 1 日，韩国统计厅公布的数据显示，2023 年源自中国的跨境电商进口额同比激增 121.2%，中国首次超过美国，成为韩国最大的跨境电商进口来源国。越来越多的人成为中国跨境电商的长期用户。以至于一到中国电商的大促节点，韩国海关就会经历"爆仓"，不少韩国年轻人开始像曾经的中国消费者那样，心心念念着来自远方的包裹，他们调侃，"中国 APP 正在拯救我们的钱包"；

这一年，无数中国产业带开始插上跨境电商的翅膀，不出国也能"卖向全球"，不断探索业务的增量新空间。山东潍坊的郎部镇，年产吉他 200 万把，其电吉他出口产量占据全国出口总量的 40% 以上，产品远销海外 30 多个国家和地区；山东平度更是年产 1.2 亿副假睫毛，承包了全球七成的假睫毛产品；更有广州的美妆、深圳的数码产品、湖州的童装、温州的鞋具、台州的塑料制品、金华的保温杯等，每时每刻都有集装箱载满这些特色产品，漂洋过海去异国。

　　数据显示，2023 年我国跨境电商进出口额达 2.38 万亿元，同比增长 15.6%。其中，跨境电商销售网络已覆盖全球 220 多个国家和地区，跨境电商独立站数量突破 20 万个。

　　在快消品这种轻量化产品横扫海外之余，就连中国的"工业大件"汽车，也开始遍布全球。得益于智能化、产业链优势，中国新能源汽车在海外的"刷脸"已经享誉世界：

　　在老挝首都万象的街头，随处可见上汽、比亚迪、哪吒等中国企业生产的电动汽车。有业内人士感慨："万象，简直就像是中国产电动汽车的展览会"；在印度尼西亚，五菱汽车旗下首款新能源全球车型"晴空"（Air ev）走红，2023 年销量增长了 65.2%，成为印尼购买量第二大的电动汽车品牌；在泰国，上百名一向松弛的泰国人深夜在比亚迪汽车展厅门口排起长队，只为抢到第二天最新出售的比亚迪 ATTO 3。这一幕，已经成为传颂一时的业界传奇。在这背后，是 2023 年中国汽车制造商已经将称霸泰国市场几十年

山东港口烟台港，上万辆汽车集结待发

的日系车挤走，占领泰国电动汽车约 80% 的市场份额，势头极其凶猛。

过去几年，中国新能源汽车出口地区主要是智利、孟加拉、埃及、印度等亚洲、非洲、拉美市场国家，但进入 2023 年，拥有高技术含量的电动车开始占领欧洲，横扫东南亚。数据显示，2023 年，中国汽车出口量达到 491 万辆，首次超过霸榜连续七年的日本，跻身全球第一大汽车出口国。

从服装品牌，到家电消电，甚至是汽车……肉眼所能及的，是中国产品在全球"秀肌肉"，而用眼所不能及之处，才是中国企业出海的真正根基：生态出海。

伴随着突飞猛进的海外需求和国内出海热情，从海关、物流，到支付，几乎每个环节都在"智慧化"，致力于让所有成本损耗小一点，再小一点。由此，形成了独具中国特色的智慧出海生态圈，为广大企业提供了出海的创业温床。

比如，在出海的必经环节海关上，AI+ 已经开始广泛落地，让货物的登记、流转甚至是抵押更为便捷。在山东自贸试验区青岛片区的大宗商品数字仓库里，上千吨货物整齐有序地码好在一个个类似"停车位"的数字仓位上，同时偌大的仓库却没有一个理货员的身影。背后，是数字技术担任了这个重要角色——只要点击一下中控室的屏幕，货物的相关信息，从仓单编号、货主单位、产地等都清清楚楚地显示出来。

不要小看这个改良，要知道，以前对仓库和货物进行管理，都是依赖人工寻库。这意味大宗商品在进入仓库后会进入长期"盲区"，出现库存信息不透明、作业单据不规范等问题，制约民营企业融资——银行难以核验货物，自然就难以将大宗商品进行质押融资。但现在有了 AI 摄像头这个可靠的助手，只要对货物进行整体扫描，就能生成数字仓单。这样一来，银行线上即可进行货物核验，1 个工作日就能办理放款，为企业降低年化 3%—6% 的融资成本。"在正式交易前，就可以通过质押方式融资，大大提高了我们的资金流转效率。"山能（青岛）智慧产业科技有限公司业务经理李晓宇十分高兴地说。

不仅是青岛，在整个山东自贸试验区，"云港通"口岸智慧查验平台，"先期机检""抵港直装""船边直提"等自动化作业模式，跨关区多式联运"一单制"等创新手段层出不穷，让进出关都变得更加便捷，为进出口贸易额的增长做出了不少贡献。

接下来，伴随着中国产品的，是物流出海。从极兔、顺丰、"三通一达"，到京东、菜鸟等快递物流服务商，纷纷加速出海，布局全球智慧物流网络。

为了更好地把握自主权，不少地方政府还与企业合作，在海外开始自建"海外仓"。跨境电商海外仓，是指出口企业先将商品通过跨境物流运至海外仓库储存，海外消费者在平台下单后，企业可以直接从海外仓发货，迅速送达。

比如浙江台州仙居县，一个小县城就有 4 家外贸企业在德国、美国、英国等主要出口市场国家建 5 家海外仓。其中，仙居采用 M2C 全链云数智平台系统提升销售效率，建设海外仓云数智平台，打通供应链全流程，融合互联网、大数据与人工智能制造，利用大数据和 AI 实时捕捉流行趋势，加强商品开发、款式设计、销量预测等功能，从而实现供应链闭环。

以上种种，都是"各类生产要素自由流通"的最生动诠释。不管是对外开放的积极性，还是智慧海关、智慧物流、数字平台乃至数字供应链……新质生产力，不仅由技术革命性突破催生，还从这些生产要素的顺畅流动中孕育而生。

延伸
阅读

美团外卖抢滩香港市场，输出"生活方式"

中国品牌已经不再局限于"物"的"走出去"。随着各种硬件和基础设施越发齐全，我们还惊异地发现，中国正在输出一整套"生活方式"。

比如，中国新式茶饮的集体出海，就引发了一波海外奶茶热。2023 年 8 月起，"喜茶"在英国、澳大利亚、加拿大等海外多个新的国家市场核心商圈接连开出当地首店；奈雪的茶在泰国开设了分店；茶百道首家海外门店于 10 月 23 日落地韩国首尔；"雪王"的老对手甜啦啦 10 月 1 日在印尼开了首批 6 家新店；霸王茶姬、一点点等品牌更是早就进入海外市场，就连刚走出广州的新品牌"茶理宜世"，也要去西班牙开启首店了……对于外国人而言，逛街时手捧一杯奶茶，已经成为生活日常。

又比如，让国人倍感亲切的美团外卖，也开始覆盖港岛。"感谢美团，我回家了！"2023 年底，有网友在内地社交媒体平台欣喜地晒出图片并感慨，美团外卖开至香港，让她这种异乡人感到幸福——"洗澡前下单，擦完护肤品就听见门铃。熟悉的黄色，熟悉的长账单，熟悉的塑料盒……瞬间感觉回家了！"评论区有网友总结，"有一种黄叫美团黄。"

这个"美团外卖"，其实是美团在香港推出的外卖平台 KeeTa。

这个新平台在 2023 年 5 月上线，本来计划在人口密集的旺角及大角咀地区作为落地首站，并逐步在年内完成全港覆盖。出乎意料的是，未及年底，KeeTa 就提前在 10 月份完成了香港全区域覆盖，让更多港人对这个"美团黄"开始眼熟。

数据显示，自 KeeTa 应用上架那天，就冲上了 App Store 香港区免费榜第一位，当晚八点左右，旺角地区订单约 1500—2000 单；据 Measurable AI 数据，首月 KeeTa 就拿下了香港旺角和大角咀地区 20% 的外卖订单，而该区的主流外卖平台 Deliveroo 和 Food-panda 在这里分别占 36% 和 44%。

起势猛还只是开始，KeeTa 还在保持高速奔跑。数据显示，截至 2023 年底，KeeTa 总计已有超 130 万用户下载注册，其中有用户过去半年在"一人饭堂"专区重复下单 336 次，相当于每个月下单近 50 次。KeeTa 预测，30% 以上的订单量增速仍会持续，未来很长一段时间内可保持稳定高速增长。

　　从更大的方面来看 KeeTa 的市占率，如果以 2023 年 11 月单量计算，KeeTa 占全港总单量约 30.6%，市场份额已经反超 Deliveroo 的 27.9%，后来居上成为香港第二。

　　在海外版"美团外卖"点一份外卖，刷着中国短剧，拎一杯中国奶茶，或许会在不久的将来，成为海外消费者的日常。

新职业篇

插上数字"翅膀"，
数字经济照亮青年未来

2023 年诞生了一个词——"小挣青年"，注意，不是"小镇青年"。

小挣青年的概念，主打一个做小事、干小活儿、挣小钱。与高薪和暴富的追求相反，小挣的生活是一种"经济适用"的人生，正渐渐被越来越多的年轻人接受。

正如红星新闻评论所指出的，客观来看，小挣青年其实是现代服务业的延伸。小挣青年有几个隐藏元素：自由、灵活、从容，可以随时进入和退出，并且有一定层面的精神满足。这些都是现代服务业的特征，不仅工作灵活，而且单位回报率得足够高，哪怕只是"宠物洗澡师"，也能让年轻人养活自己乃至小挣。如果更聚焦一些，大概率小挣青年从事的是新职业。

就业是最大的民生，但就业环境、就业结构已经发生了根本性变化。

从供给端看，放眼全国，随着我国经济结构持续优化，新技术、新产业、新业态、新模式层出不穷，职业变迁加速，新职业新工种不断涌现。

从需求端看，《青年就业与新职业（2023）调查》对 18—35 岁青年 5368 份有效样本的统计发现，"悦己""务实""成长"等八大关键词成为当前青年就业与职业选择新趋势。新 360 行，让人们不再只能"干一行终一生"，而是可以跨界拥抱新职业，开辟职业"新赛道"。

我们洞察到就业方面的几个新趋势：

第一，随着数字技术的发展，一大批内容新颖、模式多样的新职业不断涌现，如剧本杀作者、游戏虚拟建筑师，让越来越多年轻人把兴趣变职业，工作爱好两不误；

第二，电商等新兴行业大量入驻四、五线小城市，有超八成数字新职业岗位在三、四线城市，数字生态职业的灵活性促进了城乡之间的流动性，让"小挣青年"愿意向非一线城市下沉和返乡，靠"数字工具"吃新职业的饭，促进了就业的区域均衡与社会公平；

第三，灵活就业正走向规范化，中国每4个人中就有1个人在灵活就业，超2亿人的庞大群体正在被正式，各类政策相继出路，各家平台不断完善权益保障，让灵活就业生态得以持续优化，灵活就业作为"就业蓄水池"的作用更为凸显。

伴随新经济的发展而不断涌现的新职业，平凡生活中人们对工作机遇的不断开拓和创新，恰恰是时代发展的真实缩影。

丰富多元新职业"上新"，青年择业更"悦己"

"朋友，去抱树吗？"如果你看到公园的树上"长"满了年轻人，请不要惊讶，这是继精致露营、飞盘之后，当代年轻人开始流行的一种新的生活方式——抱树。具体方式非常简单：走出家门，找一个公园，然后挑选一棵合自己眼缘的树，张开双臂，抱上去，静静感受。抱树仿佛拥抱自然一样，在这过程中人们恢复元气。

"抱树"是一种森林疗愈方式，酸草就是一名森林疗愈师，她的工作就是带大家走入森林里，用脚去感受柔软的泥土，呼吸树木的气味，疗愈自己的心灵。

在成为森林疗愈师之前，酸草在一家汽车杂志做主编，待遇优厚，但她始终觉得那样的工作和生活并非她想要的，亲近自然是她的乐趣所在。转行之后，她一周按心情接个四五场活动，每接一场活动可能也就 1000 多元的收入。采访酸草的程弈人说，明显感觉到，她（酸草）现在是一个充满幸福感的"本自具足"的个体，在情绪上也很安宁、平和。

酸草的工作听起来很冷门，但其实早在 2022 年，森林康养师作为新增职业岗位就已被正式纳入《国家职业分类大典（2022 年版）》。与此同时，也有专门的院校在培养专业的森林康养师、森林讲解员等实用型、技能型人才，学生不仅要掌握林学、心理学、部分医学知识，还应广泛涉猎气象、园林、规划、管理等不同种类知识。

"00 后"杨宇骏是福建农林大学林学院森林康养班首届本科生，毕业后继续在本校本专业读研，目前也已经是一名森林康养师。由于服务需求"火热"，森林康养师短缺，他常常在不同的康养基地之间"穿梭"。

森林康养师、森林疗愈师这些新职业这几年越发紧俏，背后是当下疗愈经济正在成为显学。英敏特在《2023 中国消费者趋势：疗愈之年》中就提到，2023 年中国消费者将以"疗愈"为关键词，追求心身灵的平衡与健康，并重新恢复对生活的信心与热爱。疗愈经济，是万亿规模的朝阳产业，全球健康研究所报告预计，到 2027 年全球疗愈产业规模将达到 7 万亿美元。

从冥想、正念，到颂钵音疗、芳疗、绘画疗愈，再到禅修、旅修等一系列新兴疗愈经济在兴起。美团数据也显示，2023 年 12 月份美团平台"疗愈"关键词的搜索量增长 256%，"颂钵疗愈"的搜索量增长 423%。

据媒体报道，倾听师、占星师、疗愈师、各类咨询师……越来越多基于新人群、新需求的新兴职业出现在淘宝上。而提供情绪服务的商家大多都是"00 后"。他们比"90 后"似乎更早地叩问自己，究竟想要过什么样的人生。他们不再执着于"搞个大事业"，而愿意成为一家小店店主，安放自己，也为需要的人提供微小但有价值的服务。"大家都在讨论未来什么工种会被 AI 取代。我想有情绪价值的永远不会。"一位"00 后"淘宝商家说。

新职业的人群，远比想象中的更为庞大。这几年，农业数字化技术员、宠物殡葬师、改娃师、芳香治疗师、AI 提示词工程师等各种新奇小众的职业，正如雨后春笋般涌现，并逐渐走进人们的日常生活，为大家所熟知。

新职业的从业者们，大多数是年轻的面孔。人民数据研究院《新青年新机遇——新职业发展趋势白皮书》引用趣丸科技数据显示，与企业签约的新职业从业者当中，18—22 岁占比最高，达到 46%。年龄高于 31 岁的从业者数量相对较少，占比约两成。

21 岁的杭州大学生琳子，人未毕业就开始了自己的"搞钱"计划——陪拍。此前她上过摄影网课，看到社交媒体上陪拍很火，就想着尝试一下。每次出工，她会带上拍照工具和化妆工具来到与对方约定的地方见面，为对方简单化好妆后，便边玩边拍，运气好的时候还能"蹭"个下午茶。

琳子说，"来找我陪拍的，一部分是探店爱好者，但更多的是之前没拍出过满意照片或是内向、不敢展现自己的女孩子。"陪拍与写真不同，不追求精美的照片，重点在于陪玩打卡的同时捕捉美好瞬间。一部手机即可完成大部分拍照和修图，成片也多用在发朋友圈、小红书等社交平台。

当然，价格实惠也是陪拍爆火的重要原因。在小红书等社交平台搜索"陪拍"关键词，可以看到陪拍的价格在 20—80 元 / 小时，妆造另外收费 10元至 30 元不等。相较于动辄上千元的专业约拍，陪拍价格亲民，深受年轻人的欢迎。

在琳子想着赚点零花钱而兼职做陪拍摄影师的时候，27 岁的李京龙和26 岁的关点夫妇正全心全意扑到了非遗手工店——"手作上瘾"工作室上。在北京，李京龙和关点二人原本有让人羡慕的金融投资工作，但"我们第一次在故宫珍宝馆见到珐琅器，就被惊艳到了。"李京龙表示，掐丝珐琅属于"燕京八绝"，又称"景泰蓝"，起源于中国元代，而掐丝珐琅画脱胎于景泰蓝工艺，是一种新的绘画形式。

"我们本身就是传统文化爱好者，我爱人学了十几年美术，我从小学习书法，当时就想着传统文化那么厚重，这个领域一定有机会。"于是在学习了掐丝珐琅画这门技艺后，二人便投身尚属小众的非遗手工行业开店创业。

虽然"手作上瘾"工作室只是个开在写字楼内的小店，不临街，不设牌，但美团、大众点评等线上渠道输送了源源不断的客源，众多年轻人寻觅而来。这家店也长期位居大众点评北京地区 DIY 手工坊好评榜 TOP1。

如今，李京龙夫妻已经在北京开出了 3 家门店，其中一家几乎全员是"00 后"，他们都对非遗有着浓厚兴趣，希望成为非遗文化的推广者。

在"抖音"社交平台上，同样活跃着一群从事"非遗 +"这一新职业的年轻人。比如运城"00 后"小伙儿王豪杰的抖音账号里，全部都是绛州鼓乐团演出或排练的画面。他最出圈的一条视频当数《老鼠娶亲》节目片段，绛州鼓乐团的乐手们"敲锣打鼓"，模拟小老鼠抬着花轿深夜娶亲，蹑手蹑脚、东张西望的样子轻巧诙谐、惟妙惟肖，累计点赞数超 120 万，一时间火爆全网。由于善于挖掘绛州鼓乐的魅力，王豪杰被网友们戏称为"抖音"上

贵州榕江的苗族妇女通过"非遗＋文创"获得更多收入

最年轻的"音乐化石"。

　　长期以来，非遗面临着传承人老化、后继无人的困境。有数据显示，我国 764 个传统工艺美术品类中，52.49％的品类陷入濒危状态。现如今，当非遗碰上"00 后"，当互联网架起新桥梁，"非遗文化＋"的新业态正成为消费新亮点，美团、大众点评数据显示，2023 年前三季度，"非遗"主题相关的团购订单量同比提升 245％，其中超七成相关订单来自 20—35 岁的年轻群体。"非遗＋"成为了一门好生意，形成了消费与就业的正向双循环，非遗文化也从"冷门"走向热门，从"小众"走向"大众"，焕发千年非遗的新机。

　　在过去，人们往往认为职业应该是稳定而且有保障的，而兴趣则是业余时间的消遣。然而，随着社会的发展和个性化需求的增长，兴趣与职业的界限正在逐渐模糊。越来越多的年轻人开始追求所谓的"兴趣职业化"。喜欢烹饪，就提供"上门代厨"服务；喜欢养宠物，就为不在家的宠物主人提供代喂、代玩服务，部分个体经营者也能月入过万。

"很多新职业的出现，是因为人们将爱好融入了职业，这也符合00后的特点，有个性、敢创新，在工作中提高自己的生活幸福感。"河北师范大学应届毕业生雷天倚觉得，随着社会的发展，更多的就业岗位和机会也应运而生。灵活就业在鼓励年轻人创造自我价值的同时也在推动社会发展，"一些伴随互联网发展而出现的新职业，也许随着时间的推移，也会慢慢变得像传统职业一样常见了"。

全球化智库（CCG）与腾讯青年发展委员会研究撰写的《新就业形态下中国新职业青年发展报告》提到，受访者选择新职业的前三大原因分别是发展快和前景好(45.5%)、相关专业毕业(45.2%)、个人爱好和喜欢(35%)。而《2023年新职业发展趋势白皮书》调查发现，已经有17.5%的年轻人在

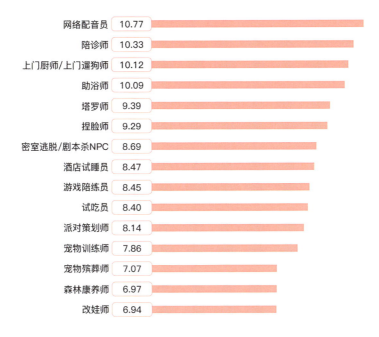

新兴职业热度指数TOP 15

职业	热度指数
网络配音员	10.77
陪诊师	10.33
上门厨师/上门遛狗师	10.12
助浴师	10.09
塔罗师	9.39
捏脸师	9.29
密室逃脱/剧本杀NPC	8.69
酒店试睡员	8.47
游戏陪练员	8.45
试吃员	8.40
派对策划师	8.14
宠物训练师	7.86
宠物殡葬师	7.07
森林康养师	6.97
改娃师	6.94

资料来源：人民众云，人民数据研究院整理绘制　数据采集范围:2022年6月1日至2023年6月1日

尝试传统行业以外的新职业，58.5%的年轻人对新职业抱有强烈兴趣。

新职业与新产业相伴而生，乘着数字经济的春风，越来越多的年轻人从事网络化、数字化职业。一些曾经被认为的"不务正业"，在数字经济大潮下，"转正"成了新兴职业。2022年9月发布的《中华人民共和国职业分类大典（2022年版)》中，就新增了168个职业，并标注了97个数字职业，占职业总数的6%。

中国人事科学研究院测算发现，立足2022年版职业大典公布的新职业，一个萌芽期职业能带动10万个以上就业机会，稳定期职业大概能带动50万个以上就业机会，按照目前职业发展的趋势，数字时代未来5年有可能创造3000万个以上的就业机会。这无疑为千万量级的高校毕业大军提供了更多元的就业选择。

目前，新职业仍然处于"需求大于供给"的紧俏阶段。《新就业形态下中国新职业青年发展报告》分析称，2021—2025年，互联网营销师、企业合规师、人工智能训练师等20种新职业人才缺口接近1.2亿人。

消费结构和人口结构的变化，也往往蕴藏着新的职业机会。当前，中国人口的老龄化进程加快，老年人的服务需求逐渐增多。养老服务新需求催生的"老人助浴师""老人陪诊员""养老管家"等新职业，成为就业市场的重要增量。

95后徐朦宇是上海一家养老社区的一名营养师，他形容自己的工作是"我用彩虹给爷爷奶奶们的食物加点颜色"。"00后"助浴师武瑞元从业3年的时间里，服务过100多位老人，年龄最大的老人有103岁，其中有90%都是失能或半失能老人，在他看来，"老人需要的不仅是服务，还有陪伴。"他们比社会上更多人很早接受了"人终将老去"的现实，并希望通过自己的力量让人可以有尊严、有质量地老去。

时代在变，就业环境也在变，年轻人"悦己式"的就业，也是社会进步的表现，人们不再执着于"按部就班"式的工作和人生。正如此前领英发布的《95后职业价值观基础研究报告》所指出的，以"95后"为代表的"Z世代"

类别	新职业名称	人才缺口 （万人）	数据来源
专业技术人员	云计算工程技术人员	150	人社部中国就业培训技术指导中心、阿里巴巴钉钉：《新职业在线学习平台发展报告》
	企业合规师	952	国家统计局、国家工商局、商务部2020年公布的数据
	数据安全工程技术人员	300	根据2022年《网络安全人才实战能力白皮书》估算
生产制造及有关人员	无人机装调检修工	350	人社部
	工业机器人系统操作员	125	人社部中国就业培训技术指导中心、阿里巴巴钉钉：《新职业在线学习平台发展报告》
	工业机器人系统运维员	125	人社部中国就业培训技术指导中心、阿里巴巴钉钉：《新职业在线学习平台发展报告》
	无人机驾驶员	100	人社部中国就业培训技术指导中心、阿里巴巴钉钉：《新职业在线学习平台发展报告》
社会生产和生活服务人员	网约配送员	3000	人社部：《新职业———网约配送员就业景气现状分析报告》
	电子竞技员	200	人社部中国就业培训技术指导中心、阿里巴巴钉钉：《新职业在线学习平台发展报告》
	电子竞技运营师	150	人社部中国就业培训技术指导中心、阿里巴巴钉钉：《新职业在线学习平台发展报告》
	建筑信息模型技术员	130	人社部中国就业培训技术指导中心、阿里巴巴钉钉：《新职业在线学习平台发展报告》
	职业培训师	378	中国劳动保障报数字报:实施技能提升计划急需职业培训师
	出生缺陷防控咨询师	100	国务院:《"健康中国2030"规划纲要》
	老年人能力评估师	300	国合天宏:《老年人能力评估师就业景气现状报告》
	互联网营销师	4000	毕马威、阿里研究院:《迈向万亿市场的直播电商》报告
	食品安全管理师	100	国家市场监督管理总局统计
	健康照护师	500	解读新职业:健康照护师[职业,2021(14):14–15]
	人工智能训练师	500	阿里巴巴集团调研数据
	电气电子产品环保检测员	300	人社部
农林牧渔业生产及辅助人员	农业经理人	150	人社部中国就业培训技术指导中心、阿里巴巴钉钉：《新职业在线学习平台发展报告》
合计		11910	

毫不掩饰对"收入与财富"的渴望，但在此基础上也追求精神层面的富足，他们既要"牛奶面包"，也要追求"诗和远方"；他们偏爱高收入、创造性强的新兴行业，但也不再执着于在一线城市谋生。相比光鲜体面，适合自己似乎更重要。

延伸
阅读

山东90后"硕士酿酒师"，为城市中产研制不一样的"杯中物"

与很多人想的不太一样，酿酒师也是有学历含量的。青岛小伙田德雨，是一位"90后""硕士酿酒师"，他所学的专业是"轻工技术与工程"，这是一门与酿酒技术相关的专业。

青岛是一座啤酒之城，从小在青岛长大的田德雨，"血液里流动着啤酒的基因"，长大后自然而然从事了与啤酒相关的工作。

在一次去北京的旅行中，他发现酒吧里的精酿啤酒能卖到80元一杯时，心里直觉得贵。他心里暗想，要打造年轻人喜欢的新酒饮，并卖到北上广去。

"啤酒消费群体正在变迁"，田德雨观察到，新崛起的90后"城市新中产"追求微醺的感觉，不喜欢工业啤酒，而喜欢彰显个性、口味地道、颇具"社交属性"的精酿啤酒。"要新鲜、品质好、实惠、符合年轻人口感，还要让美味与餐桌零距离。"田德雨说。

精酿啤酒正成为市场看好的"新酒饮"。公开数据显示，2011—2021年，国内精酿市场规模在十年间从33亿元增至约428亿元。与工业啤酒市场的饱和与缓慢增速相比，精酿啤酒消费量从2016年的3.6亿升增长至2021年的10亿升。

田德雨以年轻人的喜好为风向标，发力精酿啤酒"新酒饮"赛道。日常，他会留意生活中的各种气味，逛超市时，看到东西的第一件事是拿到鼻子旁闻一闻，当闻到感兴趣的味道时，他会下意识地想能否和酒结合。与他志同道合的还有 3 名"90 后硕士酿酒师"，他们经常聚会"哈啤酒吃蛤蜊"，一起研究麦饭石水、麦芽、啤酒花和酵母等酿酒原材料，琢磨新口味啤酒。后来，他们索性自己开办了一家啤酒厂，主做精酿。

2022 年，田德雨所在的啤酒厂与小象超市达成合作，推出了"定制款精酿原浆德式小麦白啤"。这是一款保质期仅有 28 天，采用原浆酿造，全程采取冷链锁鲜的啤酒，上线一个月便成为小象超市啤酒类目销量第一的爆款单品。基于小象超市"30 分钟快送超市"的及时性，啤酒送到消费者手上还是冰凉的，瓶身挂着冰珠。

喝精酿啤酒成了年轻群体的一种风尚，美团的数据显示，2023 年立夏至 10 月，精酿啤酒的美团即时零售销量同比增长 67.2%，排名前五的城市分别是北京、深圳、上海、成都、广州。田德雨很欣慰，自己的啤酒真的"卖到北上广去"了。

在一次酒类展会上，田德雨听到了"酒体设计师"的说法，"当时只是觉得这是个好听的叫法"。后来，不少圈内人都提及了这一新职业，他才逐渐了解其内涵。原来在 2021 年 3 月，酒体设计师正式列入《中华人民共和国职业分类大典》成为新职业。

无论名称怎么变化，他对这个职业的热爱不变。他说，啤酒有一个优势，每天都可以调制，任何天马行空的想法，都可以实践，自己设计的酒如果能受市场欢迎，是对他个人价值和创新能力最好的认可，"这是我爱这份工作的原因"。

灵活就业"蓄水池"释放潜力，技能培训促进高质量就业

"什么？我都 30 多岁了还能上大学？"2023 年 11 月美团配送发起的"骑手上大学"项目在北京举行第四届开学仪式，杭州跳桥救人小哥彭清林，成为国家开放大学实验学院 2023 年春季学期工商管理专业新生代表。距离他高中毕业已经 10 多年了，这次重回课堂，他还有些恍惚。

一切还要追溯到 2023 年 6 月，外卖骑手彭清林在送外卖途经杭州西兴大桥时，遇到桥下的钱塘江中有落水女子，他纵身从 12 米多高的桥上跃入江中。救人之后社会各界对他的褒奖纷至沓来，其中就包括彭清林所在的外卖平台——美团与国家开放大学联合推出的"骑手上大学"项目给彭清林免费上大学的机会。

"那时我还在休养，收到录取通知和教材时，我还是很惊喜的。"彭清林说，自己小时候读书还可以，到了初高中有些叛逆，成绩就不太好，"现在想想，读书真的很重要。"

彭清林参与的"骑手上大学"项目是一个不脱产的学历提升项目，"全国有很多像我一样的外卖骑手正在参加这个项目，提升学历和学识。"彭清林说，上课主要是网课的形式，时间上相对自由，学习上也全凭自觉，"压力蛮大的，翻了翻书，真的很多知识点以前听都没听过。"学习之余，他仍然奔跑在城市的道路上继续送外卖。

像彭清林这样的骑手还有很多，武汉美团骑手卢元灿也是其中一员，"这个月我刚升了为了站长，又迎来了大学开学，真的太幸运了。"接受媒体采访时，他还激动地展示自己学信网的学籍信息，上面已有了"国家开放大学"

的本科学籍，"完成学业后，我就可以拿到本科学历了"。

近年来，新技术、新模式大量涌现，新就业形态等灵活就业形式大幅提升了我国经济运行的就业承载力，充分发挥了重要的"蓄水池"和"稳定器"作用。目前，全国新就业形态劳动者 8400 万人，其中外卖骑手数量达到 1300 万人，占新就业形态劳动者整体的 15%，也占到全国人口基数的近1%。2020 年 2 月，外卖骑手以"网约配送员"的名称，成为新职业纳入国家职业分类目录。

随着骑手的称呼逐渐从"送外卖的"转变为"外卖小哥""网约配送员"，骑手的职业发展已经在体系化的道路上走出了一段距离。安全、收入、发展是这个群体最关心的三个问题。近年来，无论是平台还是政府，都在合力开展"网约配送员"新就业技能提升培训，开放直接岗位晋升，拓宽转岗通路，为更多的骑手带来更广阔的职业晋升机会。

为让更多骑手找到适合自身发展的方向，美团在 2023 年进一步推出了体系化、多层次的"骑手成长计划"，支持骑手练专业、拼事业、修学业。比如在事业维度，美团发掘骑手队伍中的管理人才，有超过 44 万人次参与了"站长培养计划"，在美团配送的生态内，有 86% 的管理岗位是由基层骑手晋升而来；在学业上，美团与国家开放大学合作推出"骑手上大学"项目，已帮助 320 名骑手免费进修本科和大专

学历。

网约车司机，也是中国灵活就业群体中颇为庞大的一群人。过去一年，网约车平台企业、车辆及驾驶员数量的快速增长，行业运力与市场需求趋于饱和，改变了网约车司机"轻松月入过万"的常态。探索服务网约车司机的新思路、新方法，解决抽成比例、劳动定额、报酬支付办法、工作时间、休息休假、劳动保护、奖惩制度等网约车司机急难愁盼的问题，是摆在平台方面前迫切的责任。

享道出行是上汽集团移动出行的战略品牌，2023 年更新了 AI 撮合 3.0 系统，优化了派单算法，实现了全天接单量的最大化；通过对智能热力图的迭代，均衡调度司机资源，显著降低了全局司机的空驶率，使主力司机每小时综合收入提升了 30% 以上。

不仅是骑手、网约车司机，中国 8400 万新就业形态劳动者正受到前所未有的关注，让这个新就业群体更有尊严，更有保障，也更有发展前景。

过去一年，灵活就业者的就业市场上，就出现了罕见的一群人——"回炉"职业院校的本科生。有的会计专业毕业生就业后，选择到职业学校学习健康管理师专业，准备跨行就业；广东岭南职业技术学院近两年就招收了超过 150 名本科及以上毕业生，他们"回炉"考取心理咨询师、公共营养师和健康管理师方向的技术技能证书。越来越多人，将"本科学历 + 职业证书"作为职场标配。

四川文化艺术学院播音主持专业毕业的刘振龙做出了一个选择——报名进入太原万通职业技能学校，就读新能源汽车专业。这一次，他不是为了拿文凭，而是要学一门实用的技术。刘振龙的本科同学，不少在考研、考公、找工作，但要在专业范围内找工作并没那么容易。"回炉"是为了多一技"傍身"，拓展自己的职业空间。刘振龙已经想好，技术学成后，他要去汽修店工作一段时间，然后就准备自己开一家汽车服务店。

智联招聘发布的《2023 大学生就业力调研报告》显示，毕业生求职过程中，学历与求职进展并不完全对等，大专和硕博毕业生获得录用的比例好于本科生。这中间，专业与社会匹配度不高可能是一个原因。此外，社会疾速变化，行业、专业、职业一直在细分，对高技能人才的需求持续上升，"专业对口"越来越难。据统计，我国技能人才目前尽管已超过 2 亿人，占就业总量的 26%，但高技能人才仅有 5000 万人，占技能人才总量的 28%，缺口很大。

中国的教育体系也体察到这种脉动，加快发展职业教育的步伐，以多层次、多元化的学科体系支撑社会发展。2022 年新修订的职业教育法强调，要建立健全服务全民终身学习的现代职业教育体系。此前，新修订的《中华人民共和国职业分类大典（2022 年版）》增加了 97 个数字职业。从教育部的一组数据中也能看到新的趋势：2023 年全国有 6000 多所职业学校开设数字经济相关专业，同时，教育部增设智能网联汽车技术等 314 个数字经济领域新专业，为数字人才培养提供了优质教学资源保障。同时，2023 年中国高职专科院校增长了 58 所，体现了各地发展职业教育的积极性。

不仅是职业院校为灵活就业群体提供了转换人生赛道的机会，各地政府也通过举办多种形式的技能培训班，让更多人多掌握就业的"一技之长"。

短视频制作的十大万能开场、吸引流量的主题如何完美搭配、转场音乐该怎么使用……在天津滨海新区首期短视频创业培训班上，培训讲师结合短视频平台爆款案例，深入讲解了内容策划、脚本制作、拍摄技巧等实用课程，让学员的"实战"能力在短短数节课内得到提升。

刚刚毕业的刘鹏飞是第一批参加这个培训班的"早鸟"，他学的是播音主持专业，计划着未来可以从事短视频制作相关工作。几天培训后，他感觉自己的主题策划和拍摄技能都有了提升，对未来工作的信心也大大增加了。

灵活就业者们，对于更具灵活性的线上培训也情有独钟。插画师百里就是一个典型的重度知识付费用户，她在成为灵活就业之前是一名美术老师，优秀的绘画能力是百里的核心技能，成为灵活就业者后她从线上也能源源不断接到商单。

而随着人工智能的大热，她觉得这门新技术将为自己的工作带来生产力变革，于是她最近开始学习 AI 绘画，"我最近在画 AI，大众认为可能是很简单，我一般对于新的技术我都会去学，旧的一些传统的我也很喜欢，我也在探索，我就是想搞清楚是什么，所以我就去报课。"百里说。

当然，对于灵活就业群体而言，技能培训是更多新职业机会的"敲门砖"，而更完善的权益保护才是"定心丸"。

近一年，人力资源和社会保障部办公厅印发了《新就业形态劳动者休息和劳动报酬权益保障指引》《新就业形态劳动者劳动规则公示指引》《新就业形态劳动者权益维护服务指南》等系列指引指南，引导企业进一步依法合规用工，更好维护新就业形态劳动者权益，将新就业群体纳入劳动保障基本公共服务范围。

在上海市普陀区，饿了么外卖员纵波忙完一天的工作，吃上了晚餐。"周五晚高峰一小时得送七八单，真是忙不过来。"纵波说，有时订单太多，他就会在送餐 APP 上申请小休，后台确认后就能停止接单。此外，车辆故障、上卫生间或者午休等原因也可申请小休，每次能休息 10 多分钟。当连续工作超过 4 小时，平台还会发送语音提醒，提示他已处于疲劳状态，需要休息一下。

有关调研显示，外卖骑手、网约车司机等新就业形态劳动者工作时间普遍较长，指引指南提出了新就业形态劳动者工作时间计算办法和休息办法。无论是饿了么还是美团等平台，在保障骑手休息方面早已行动起来，比如美团结合订单峰谷及骑手配送在途、等餐、无单等状态，对骑手推送"防疲劳"提示和实施派单干预，防止骑手疲劳配送。

在上海，快递员、外卖员可以按规定参加社保了；在湖北武汉，网约车司机有了流动党支部；在山东济南，暖心驿站还能提供法律援助、政策咨询、职业技能培训等服务……实实在在的便利，让新就业形态劳动者感受到越来越多的温暖。

人社部数据显示，目前全国灵活就业人员规模达到 2 亿人，占总人口数量近七分之一。中国人民大学联合人瑞人才发布的《中国灵活用工发展报告

（2022）》则从 B 端数据呼应了这种事实：企业灵活用工岗位中，包含外卖员、快递员、保安、保洁等的"普通工人"类占比高达 56.53%。

灵活用工行业近两年发展可谓势如破竹。深圳某招聘平台副总裁在公开采访时曾表示，"消费服务业其实已经非常成熟，这一块的话应该每年（零工）都有至少 50% 以上的数字在增长。这两年企业对于这种高端智力的（零工）服务，可能出现井喷的状态。（2023 年）的需求比去年是翻了一倍之多的。"阿里研究院估计，到 2036 年中国会有高达 4 亿的劳动力将通过网络自我雇佣和自由就业，相当于中国总劳动力的 50%。

今天，越来越多的新就业形态劳动者不断涌现，依靠诚实劳动和辛勤付出，为美好生活写下生动注脚，为高质量发展注入不竭动能。平台、政府、社会等多方源源不断的努力，让 2 亿灵活就业者不仅有安全感，还有获得感、幸福感。

延伸
阅读

"袋鼠宝贝之家"："骑二代"也有了落脚之地

人们对走街串巷、送货上门的骑手习以为常，但对"骑二代"知之甚少。此前，一个出生仅六个月就坐在爸爸的外卖箱里长大的"外卖宝宝"，曾引起全国网友的关注，人们开始好奇"骑二代"是一个什么样的群体，奔波在外的骑手们又如何兼顾工作与家庭。

"很多骑手下班回家晚，让孩子下午放学后一个人在家，总是有点不放心，希望能有个地方给孩子们一块儿做作业、看看书。"在 2024 年三八妇女节骑手恳谈会上，女骑手张洁说出了这个群体的心声。

对于外卖骑手而言，职业的一大特点是节假日和饭点忙碌，基本与孩子的休息时间重合，子女课后教育与陪伴，一直是困扰很多骑手的难题之一。骑手王文带着不满 10 岁的小女儿在北京生活，周末学校放假时，他只能带着小孩一起送外卖，这既不太安全、也让人揪心。

如今，骑手们的这个"后顾之忧"也有了新解法。近年来，美团联合公益组织建立了面向骑手子女的社区儿童托管机构——袋鼠宝贝之家，提供陪伴教育、课后托管等服务。骑手们可以申请把孩子送到袋鼠宝贝之家托管，机构将有专门的老师为孩子们带来各种课程。其中，面向孩子们的课程内容包括阅读课、益智手工课、社交活动课等，并且会依据不同年龄段制定不同发展阶段的保护性和发展性措施。

听到这个消息，骑手王文特意把跑单区域改到机构附近。"以后忙的时候就可以让孩子在宝贝之家里玩一玩、交交朋友，还能读书学习，我也更放心了。"王文高兴地说。

袋鼠宝贝之家不仅解决了孩子的托管问题，还致力于促进亲子关系。陪伴是最好的教育，作为继河北燕郊、北京海淀、北京西城、北京望京后的第五所"袋鼠宝贝之家"，深圳龙华站自2023年

明明和妈妈在玩游戏

12月起正式投入运营，每周末都会组织亲子、美育、社区探索等主题活动。

12岁的明明（化名），妈妈是民治街道站点的专送骑手。在"袋鼠宝贝之家"一次互动环节，明明与妈妈体验了筷子舞，通过游戏拉近亲子距离，走进彼此的情绪，更好地理解对方。

明明妈妈说："平时尽可能会多找时间陪孩子，但除了出去转转也不知道能干什么。在这里有老师引导，活动设计丰富有趣，孩子不仅能交朋友，也能跟我们父母多交流。之后放学了也可以让他来这里先写作业，然后跟我一起下班，养成更好的学习习惯。"

对于骑手们而言，不怕冷、不怕热，唯有内心那一片炽热的希望——希望通过自己努力，给家里人更好的生活。生活是脚下的长路，肩上是沉甸甸的外卖箱，而"袋鼠宝贝之家"让更多人看到了前方的灯火。

▶ "家门口"就业圈显现，数字化助力平等就业

2023 年，央视曾聚焦过中国第一人口大县安徽临泉县，这里户籍人口超过 230 万，常住人口约 160 万，常年有七八十万人漂泊在外打工。但现在，越来越多的临泉县人发现：不用背井离乡，在家门口一样能把日子过好。

每天夜里 10 点到 12 点，34 岁的临泉小伙常志法的果切生意会迎来一个小高峰。削皮，切片，装盘，再对着单子逐一清点，把两盒草莓，一盒乌梅番茄，两份餐具纸巾依次放进外卖袋中……常志法动作行云流水，俨然是个"老手"。

常志法是临泉第一个对现代年轻人吃水果"不动刀、不剥皮、不出门"核心原则心领神会的老板。过去跑外卖的经历，也让常志法开店时能注意到很多细节："拿到订单，先看数量，有没有乘 2。再看备注，没做过骑手的人，可能会漏掉备注信息。"

这样的细致，让他的生意做得风生水起。在夏季旺季，他的小店一个月能净赚 1 万块钱，淡季时一天也能有 30 多单线上订单，一个月能赚六七千元，跟他之前外出打工的工资差不多。不过不一样的是，在临泉老家，他再也不用跟家人分居两地。

这几年，像常志法一样回乡创业、就业的年轻人，在临泉县多达十几万。临泉县城里的消费活力，逐渐被归乡的临泉人带动起来。以往夜晚 8 点一过，临泉居民区街道就像散场的剧场，很难看到行人的踪影。如今，直至深夜，街边便利店、夜市、烧烤店仍很热闹，订单提示音接二连三地响起，骑手们穿梭在大街小巷里，夜色下的临泉烟火气十足。

有媒体归纳临泉"十几万人口回流"的实现路径：完善基础设施建设—承接产业、人才和资金—积极拥抱新业态—推动本地零售繁荣。但临泉并非孤例。在全国，像临泉这样的小县城，还有 2800 多个，这些小县城正在重新赢回年轻人。

过去的几十年，光环是属于大城市的，流向也是单向度的，县城青壮年像潮水一样涌向大城市，甚至有人调侃：就算是捡破烂也要去一、二线城市，在深圳、上海，捡一天你都捡不完，努力一点，还能发展成一个垃圾分拣站，形成团队分工，一年挣个 100 万没问题。但是在县城，只有三五条街，一个早上就捡完了，天花板太低，赚不到钱。

而现在，不少县城都出现了"返乡流"的趋势，越来越多的青年从大城市返乡。麦可思研究院发布的 2023 年版就业蓝皮书显示，一线城市对本科生的吸引力持续减弱，五年来就业占比下降近 20%。县城不仅是年轻人的根所在地，也是他们以更低成本就能生活得好的港湾。

随着县城基建的完善，消费品牌的下沉，以及年轻人的"归巢"，县城的活力被激发出来。国家统计局数据显示，从 2019 年开始，农村居民可支配收入增速已经高于城镇居民可支配收入增速，达到 9.6%，并且在之后的三年一直持续反超城镇居民可支配收入的增速。大城市与县城的差距日益消弭。回临泉创业卖炸鸡的刘金鹏给出他的判断："也就几年吧。其实一线、二线、三线城市还有县城，大概就是几年时间差。"

县城与大城市最重要的差别，是就业的机会，过去这一年，"家门口"就业圈不断涌现，让更多县城的人可以安心留下来。人力资源和社会保障部发布的最新数据显示，2023 年，我国就业公共服务水平稳步提高，1 万个"家门口就业服务站"、15 分钟就业服务圈加速布局，3200 余家零工市场规范化水平有效提升。

"抱着试一试心态，没想到这么快就找到工作了。"家住福建省泉州市泉港区南埔镇的施女士只有初中学历，此前长期歇业在家，近来她想找份工作补贴家用，但发愁自己年过不惑难就业。当了解到泉港区人社局推出"1 小时灵活就业"智慧服务平台后，她尝试着登录线上平台找工作，经过简单注册和信息填报，她当天就接到公司面试通知并被录用。最终，她选择了一份工作时间灵活的家政保洁工作。"1 小时灵活就业"平台，指尖之间精准搭建起求职者与岗位的桥梁，让求职者轻松就业。

想要实现"家门口"就业，还得"家门口"有岗位。数字经济的发展成为突破口，互联网平台及数字工具提供了大量的就业机会与资源，使得部分年轻人可以摆脱传统工作场域，转向网络平台就业的蓄水池。

腾讯研究院一份研究表明，到 2025 年，全部劳动力交易的三分之一将以数字平台为中介。全球范围内通过平台找到工作的人估计超过 7000 万。受惠于在线人才平台的人数将达到 5.4 亿。多达 2.3 亿的人可以通过平台更快地找到新工作，从而缩短失业时间；2 亿不活跃的或者兼职工作的人员可以通过自由职业平台获得额外的工作机会。多达 6000 万人可以找到更适合其技能或者偏好的工作。

在浙江安吉 DNA 游民基地，随处可见零工们搬着电脑穿梭于各个空间，没有固定"格子间"，也没有"朝九晚五"的工作节奏，这里生活着的零工们大多依托表达能力、文字能力、创意策划能力在自媒体平台实现变现。在上海广告公司摸爬滚打一年多的小张就是其中一员，目前她是一位自媒体博主，她通过线上社群的方式，分享职业经验和职业转型，依靠商业撰稿、品牌文案策划、社群运营等养活自己。

他们当中，大部分人都曾在一线城市打拼过，"我感觉我在上班的时候，忙得基本没有时间去享受上海大城市的资源便利。不上班以后我也是每天在读书、创作，甚至是不下楼，很多展览、话剧也没有时间看，但是我还要付出高房租、高生活成本支撑自己在这里生活。"自媒体博主林安说。在来到安吉 DNA 游民基地后，他们对大城市的依赖感降低了。

据媒体公开报道，在安吉 DNA 游民基地，这里的居住空间分为 6 人间、4 人间、2 人间和 1 人间，每人每月的价格从 440 元到 1960 元不等。大多数人生活成本每个月在 3500 元以下，这样的价格在一线城市的交通便利的地段连一个带阳台的单间都租不下来。更关键的是，他们终于感受到了一种人间的烟火气和热气腾腾的真实感，重新获得了人生的掌控感和松弛感。

年轻人的"归巢"，也给中国乡村带来蝶变。2023年热播的电视剧《去有风的地方》就讲述了主角谢之遥辞去北京高薪工作回到云南创业，最终实现爱情事业双丰收的美好故事。虽然在现实中，年轻人返乡创业并没有电视剧呈现的那么简单，潮水的方向确实正在改变。

短视频和直播成为年轻人返乡就业、创业的重要推手。来自四川甘孜州稻城县的迷藏卓玛，此前随手拍下的一条挖虫草短视频意外成了爆款，也成为了她利用短视频和直播创业的契机。如今她在家乡成立了合作社，做了超百场助农直播，为全村的虫草、松茸、藏香猪等农货寻找新销路。同时，她还建起了民宿，让更多人来到稻城县体验具有藏族特色的民俗文化。迷藏卓玛的努力，通过窄窄的屏幕被看到，也为偏远地区的农业人示范了一条增收致富的创业路。

这届在乡村创业的年轻人，有较高的数字素养，他们对乡村的改变也往往借助数字化的力量。可以看到，新业态跟随数字化产业一同下沉，城市生产要素进一步向乡村地区流动，为数字乡村打开了就业创业的空间。公开数据显示，截至2022年底，农村返乡入乡创新创业覆盖率达到83.6%。

互联网平台及数字工具激起的千层浪，也荡漾在一群女性的命运里。复旦大学的一份研究中提到，根据国家统计局农民工监测网络提供的数据推算，估计有2.5亿拥有劳动能力的女性在农村生活，她们承担着重要的农业生产和家庭照料工作。而在社交媒体平台上，与她们相关联的词语往往是"努力""孩子""勤劳"。数字化新职业向县域下沉，改变了这一切。

"AI数据标注师？是干啥的？对这个职业一点都不了解，但是听起来很洋气。"两年前，李阿倩来榆林市清涧县"AI豆计划"项目面试时还是一头雾水。可如今的她，不仅是一名优秀的AI数据标注师，还承担起了培训新员工的任务。

AI大模型的爆火引起人们对人工智能行业的广泛关注。而很多人不知道，AI 大模型的背后站着一群像李阿倩一样的"人类老师"。2020 年，人工智能训练师被正式列为新兴职业，数据标注师们就是通过贴标签、画框、排序、找不同等方式，对文本、图像、语音等不同类型的数据进行标注，为人工智能产品做大数据积累。

在"AI 豆计划"项目工作中，李阿倩学习能力强、工作适应快，如今随着"AI 豆计划"项目在榆林市其他县陆续落地，她已经成为一名导师，奔赴各地培训新的数据标注师。"AI 数据标注是一个持续发展的行业。随着人工智能进入越来越多的领域，对数据标注的需求会更多，要求也会更高，AI 数据标注师的行业前景无限，我很自信。"李阿倩说。

"AI 数据标注师这个时髦的行业刚进入清涧时，没几个人听过，更没人见过，所有人都在观望。如今，越来越多的脱贫人员、低保户、残疾人加入'AI 豆计划'项目，成为 AI 数据标注师。在我们的职工里，女性占比超过60%。"清涧县数字就业中心负责人鱼涛说。而随着子洲县、绥德县、米脂县、延川县数字就业中心已建成启用，共吸引超过 600 名当地女性和返乡青年就业。

数字产业下沉吸纳了大量农村女性劳动力，过去与"职业女性"无缘的这群人已经撑起了半边天。据支付宝官方网站显示，在支付宝员工中，有62.3%的人工智能训练师为女性，蚂蚁云客服从业人员中女性占比为72%，村淘直播主播里女性占 53%。

数字化新职业不仅为农村女性提供了家门口的工作机会，也给她们的生活带来了新的变化。有了工作后，这些人的"舞台"不是在灶台田间，闲下来时她们经常讨论化妆、购物等话题，她们开始描眉毛，染头发，买新衣。在"既能赚钱，又能养家"的情况下，她们的生活越来越丰富，家庭地位也逐渐提升。

越来越多的女性在数字就业中受益。亿欧智库和杭州市余杭区妇女联合会发布的《2022 中国女性数字平台就业发展报告》显示，2022 年，女性通过数字平台就业的人数超过 3800 万人。数字经济的出现，打破了时空束缚对女性就业的限制，减少了女性在劳动力市场的性别弱势，提升了女性劳动者的就业创业能力，为女性劳动带来了新的"数字工具"。她们可以跳出"家庭主妇"的束缚，成为团长、博主、主播。

"舞台"不止一处，城市、乡村皆是舞台；"舞台"不止一处，女性在灶台之外也可以有更广阔天地。

延伸阅读

延续"父辈的荣耀"，90后东北"林三代"返乡开民宿

林海雪原、东北暖炕、铁锅大鱼……"几乎每天都满房，南方来的客人尤其多，二浪河红火起来了。"这个冬天，整个东北格外"热"，数以万计的游客前往东北大地，位于黑龙江省牡丹江市的二浪河林场也不例外，虽然气温降至零下30摄氏度，千顷林木落满白雪，但五湖四海的游客热情不减。

这番热闹景象，让二浪河林场的民宿生意前所未有地火爆。"90

冬季，二浪河迎来"林海雪原"的景象

后"的刘宇,是林场的第三代居民,20多年前随父母离乡,9年前他又带着父母回乡开民宿,在互联网"线上桥梁"的助力下,民宿生意越做越红火,让他坚信10年前夏天那个选择没有错。

"回家去!"2014年夏天,正在省外务工的刘宇听到了家乡传来的消息——二浪河要转型发展旅游业,扩建家庭旅馆。

刘宇三代都是林场人,对二浪河有着深厚的感情。无论是祖辈作为第一代林场伐木工人在这片土地上曾挥洒汗水,还是父辈接棒在林场开采伐车,他们都是林场的建设者。到了刘宇这一代,恰好遇上了木材产业的萧条和林场的没落,为了生存和发展,他们一家和众多林场家庭一样离开了家乡,"先是到镇上、市里,后来又辗转去山东……"刘宇人虽离开了,但二浪河的一草一木仍然是记忆深处最温暖的召唤。

于是,得知二浪河林场已经改制为旅游风景区,串联"哈尔滨市—亚布力—雪乡"旅游路线的亚雪公路也已通车,几位留守林场的职工开起了客栈率先成为"吃螃蟹的人"时,刘宇毫不犹豫选择了回到二浪河,把40平方米的老房子改建成120平方米的民宿,取名"小小民俗客栈",给每间客房都设计了东北大暖炕,刘宇的妈妈则准备了一份家常拿手菜的菜单:溜肉段、干豆角烧肉、酸菜炖大骨……让来住民宿的游客感受到东北特色。

东北旅游是典型的雪季生意,最初的几年,"等人来"是常态,民宿老板们焦急又无奈。2017年前后,当地的年轻人们陆续将民宿开通到线上平台,架起二浪河被全国"看见"的桥梁,刘宇也在美团开通了线上渠道,"起初也不懂咋弄,后来有个美团民宿的业务经理联系我,手把手教了我半个月,怎么拍照、写介绍、设置房型……"小刘说,如今民宿的订单一大半来自美团的线上预订,"以前是愁空房,现在我就怕忙不过来,对客人们招待不周。"

东北人热情好客,有自己的待客之道,刘宇提起他第一个接待的线上订单客人，是从哈尔滨自驾来的，他每隔 10 分钟就问对方到哪了，生怕他迷路或打滑。这份真诚也让他的民宿在美团上收获了好口碑，口碑又带来了源源不断的新客人。

在二浪河，像刘宇一家的故事并不少见，维子客栈、贺家民宿、芝麻和 Ta 的小盆友民宿……新一代 90 后年轻人头脑灵活，又是土生土长的本地人，对家乡建设有着别样的热情。他们借助线上平台，打开家乡发展新变局。"我们还成立了'二浪河新青年协会'，就像热播电视剧《父辈的荣耀》一样，我们二浪河的年轻人也正带着林场走向新生活。"刘宇说。

当然，刘宇也很感谢像美团这样的线上服务零售平台，为家乡架起的"隐形桥梁"，让返乡年轻人拥有了"在家门口"就业创业的机会，也为乡村振兴带来了新的机遇与活力。

刘宇和二浪河林场，是中国广大乡村正在上演的"返乡记"的生动缩影。根据美团数据显示，2023 年前三季度，平台上的服务零售相关业务直接关联就业人数同比去年增长超过 30%，对青年群体的就业带动作用显著。此外，2023 年前三季度，美团民宿业务的乡村区域房源量较去年同期增长超五成，从业者增长超七成，增速均为近三年来最快，显示出巨大增长潜力。

■ 专家观点

从骑手工作看乡村振兴重点帮扶县扩大就业

美团研究院

党的二十大报告提出，要巩固拓展脱贫攻坚成果，增强脱贫地区和脱贫群众内生发展动力。2024 年中央一号文件继续提出推进乡村全面振兴，加强产业和就业帮扶。脱贫攻坚战取得决定性胜利后，全国共有 160 个县被列为国家乡村振兴重点帮扶县。近年来，重点帮扶县的人均收入水平不断增长。国家乡村振兴局数据显示，2022 年，重点帮扶县的人均年收入为 13171 元，同比增长 14.5%，同比增速较同期全国居民人均可支配收入高出 8 个百分点。但从收入构成看，仍然存在工资性收入不足、转移性收入占比过高的问题。数据显示，脱贫地区的农村居民可支配收入中，工资性收入占35.3%，较全国农村居民平均水平低 5.8 个百分点；转移性收入占 26.9%，高出全国农村居民平均水平 6.3 个百分点。

促进就业是巩固脱贫攻坚成果的重要环节。在重点帮扶县劳动者转移就业的过程中，新业态成为承接他们就业的重要渠道。以网约配送员（以下简称"骑手"）工作为例，从 2018 年到 2023 年，美团平台上来自国家重点帮扶县的骑手从 12 万人增至约 39.5 万人，覆盖全部 160 个重点帮扶县。2023 年，国家重点帮扶县从事和曾从事过骑手工作的人数超过其户籍人口总数的6‰。骑手工作为重点帮扶县劳动者拓展就业渠道的同时，也帮助他们提高生活质量、积累职业技能。

一、从骑手群体看重点帮扶县劳动者面临的就业难点

为了了解重点帮扶县劳动者的就业状况，美团研究院对来自重点帮扶县的骑手群体进行了访谈，并选取若干重点帮扶县进行了深入调研。调研发现，受制于人力资本积累相对不足、本地产业基础薄弱等因素的影响，重点帮扶县的劳动者无论是在本地就业还是外出务工均面临一定的困境。

（一）在传统就业市场中缺乏竞争力，多从事基础性工作

整体来看，重点帮扶县劳动者的受教育程度不高，缺乏与现代产业相适应的技能，在主要劳动力市场的竞争力偏弱。以受教育水平为例，脱贫地区农村劳动者的受教育水平明显低于我国农民工整体水平。国家统计局《中国农村贫困监测报告 2020》数据显示，2019 年原贫困地区劳动力平均受教育年限仅 7.7 年，学历大部分集中在初中和小学，占比分别为 42.3% 和 41.8%，高中及以上学历的劳动力仅占 11%。

案例 1：黄师傅是来自某重点帮扶县农村地区的骑手，是当地建档立卡贫困户。黄师傅初中没毕业就外出务工，在十几年的工作中，他辗转各地，从事过安装、维修、开车等各类工作。五六年前，黄师傅因为结婚回到老家，但是苦于自己学历不高、技能不足，一直没有在当地找到过其他合适的工作，其间只能断断续续打一些零工。后来在自己表弟的介绍下，黄师傅加入当地美团站点，成为一名外卖配送骑手。在黄师傅看来，骑手是一份不错的工作，不仅收入比之前高，而且工资支付及时，也不用担心没有活干。

（二）本地缺乏就业机会，择业空间有限

近年来，中央不断加大对重点帮扶县产业发展的投入，相关地区产业发展效果显现，每个脱贫县都培育了 2—3 个特色主导产业。但由于重点帮扶县经济社会发展基础相对薄弱，仍不同程度上存在产业结构单一、产品结构同质化、产业融合体系不健全等方面的问题，导致在带动就业方面仍存在一

定短板。以农业生产为例，第三次农业普查数据显示，有电子商务配送的村落只有 25.1%。由于生产经营体系的缺乏，农产品供给难以直接对接市场，带动的劳动力就业规模较为有限。此外，虽然很多重点帮扶县已落地一些现代化工厂，但由于重点帮扶县的大量劳动者本身缺乏相应的职业技能，因而只能在工厂从事一些相对简单的基础性工作。

案例 2：美团研究院通过对河北省某省级乡村振兴重点帮扶县的调研发现，当地县城仅有三个比较正规的大厂子，分别是牛奶厂、风电厂、酵母厂。虽然这些厂子的技术工人工资较高，但是当地劳动者很多都不具有相应技术，多数只能在厂内从事保安、保洁等基础性工作。2023 年初以来，三个厂子都遭遇了比较大规模的裁员，其中酵母厂裁员约有一半。被裁掉的劳动者除了外出打工外，很多只能在本地打打零工。

（三）家庭抚养负担较重，难以长期外出务工

脱贫地区的劳动者往往面临更大的抚养压力。此前有对脱贫地区的研究显示，2020 年在脱贫地区样本县中，总抚养比平均为 59%，其中少儿抚养比约为 34%、老年抚养比约为 24%，较 2010 年分别提升 15 个、3 个、11 个百分点，总抚养比较同期全国平均水平高出约 13 个百分点。由于大量劳动者在照顾父母、抚养子女方面负担较重，出于照顾家庭的需要，他们不得不留在本地就业。此外，制度性因素也限制了脱贫地区劳动者外出就业。田野调研发现，由于户籍制度的限制，外出务工者在工作地难以享受相应的公共服务。比如外出务工者的子女在就业地入学需要满足很多限制条件，因此当他们的子女达到入学年龄后，便会选择返乡就业。

案例 3：今年 34 岁的王宁在老家从事骑手工作。大专毕业后，王宁就和女友在北京、广州等地的医美、医药行业从事销售类工作。在外工作的这些年，王宁和妻子已有相对稳定的收入。但差不多 6 年前，当孩子要入学时，王宁和妻子放弃了在大城市的工作，回老家就业，因为他们没有北京、广州等地的户口，孩子无法在当地的公立学校入学，而私立学校的收费太

高，超出了王宁的承受能力。

（四）部分骑手以务农为主业，而农业收入相对较低

在重点帮扶县，骑手工作承接了部分农业劳动者的转移就业。这些骑手此前以务农为生，其中一些骑手现在仍然兼顾从事农业生产。由于农业生产的收入相对较低，并且容易受到气候条件、市场供需关系等因素的影响，导致这些骑手在从事农业生产时，往往面临收入水平低、收入波动大的困境。

案例4：四子王旗是位于内蒙古自治区的国家级重点帮扶县，在这个常住人口只有十几万的县级区域，农牧业从业人口曾达到总人口的80%。当地绝大多数骑手也来自本地农村，他们中不少人还在兼顾从事农牧业生产。受自然条件影响，四子王旗的农业生产并不稳定，主要的农作物只有马铃薯和玉米，而农作物的产量受气候影响极大，遇到雨水少的年份就会减产，并且农产品的出售价格也存在波动。比如现在在做骑手的赵刚，去年投入了几万元购买种子和化肥，但由于雨水较少，马铃薯的产量不佳，导致他亏了钱，至今仍有一定的负债。

二、骑手工作帮助重点帮扶县劳动者就业

来自乡村振兴重点帮扶县的大量劳动者在传统就业市场上处于相对弱势地位，骑手工作在一定程度上帮助他们降低了就业门槛。北京大学国家发展研究院发布的《2022雇佣关系趋势报告》显示，骑手工作不仅帮助大量劳动者获得外出就业的机会，而且也通过服务本地业态，创造更多就地就近就业的机会。这些就业机会在帮助重点帮扶县劳动者提升收入水平的同时，也为他们照顾家庭等需求提供了便利。

（一）骑手工作拓展劳动者外出务工的途径

从20世纪80年代农民工大量进城开始，外出务工已成为农业劳动力实

现就业的重要途径。国家统计局数据显示，2022年，我国外出农民工数量达17190万人。在重点帮扶县，同样有大量的劳动者选择外出务工。但由于受教育程度和职业技能水平相对较低，重点帮扶县劳动者在外出务工时可选的工作较为有限。骑手工作进入门槛低的特点，有效弥补了劳动者的技能短板，拓展了劳动者外出务工的职业选择空间。2023年美团平台上来自重点帮扶县的骑手中，55%的骑手在户籍地所在省之外接单，其中不少劳动者通过骑手工作在大城市立足。

案例5：从老家出来的20多年中，李师傅辗转全国各地，他自己也数不清楚到底做过多少工作。工地小工、服务员、地产销售、工厂打工、保险销售和电话卡销售，李师傅干遍了他能做的所有行业，但大多数工作都是零工。这些年的工作经历让李师傅觉得自己很难找到一份稳定的工作：一是自己学历低、没技术；二是自己没有年龄优势，也不可能从新人干起。2017年，李师傅加入骑手队伍，当时自己的朋友已经做了两三年的骑手，看到朋友做骑手有稳定的收入，自己便也不想继续打小工过"有上顿没下顿"的生活。他觉得，骑手这份工作多劳多得，收入比做散工高得多。

（二）骑手工作创造更多就地就近就业机会

在重点帮扶县，大量劳动者受人力资本积累较弱、需要照顾家庭等因素的影响，只能就近寻找就业机会。对于外出务工的劳动者来说，受制于难以享受外地公共服务等因素，他们中很多人也会回流到原籍。随着重点帮扶县居民生活水平的提高，县域地区的外卖需求不断增长。同时，伴随着重点帮扶县产业振兴的推进，外卖业态也能够与当地经济社会形成良性互动，创造出更多的就业机会。在上述过程中，重点帮扶县所在区域的骑手用工需求也在提升，并释放出较强的就业承接能力，让重点帮扶县的大量劳动者实现就地就近就业。从全国范围来看，2023年来自重点帮扶县的骑手中，在省内就业的数量超过17万，省内就业占比近年来稳定在45%左右。

案例6：在河北省某省级重点帮扶县，近年来伴随外卖业态的下沉，很多回流的劳动者都选择从事骑手工作。相比他们此前的工作，骑手工作不仅进出相对自由，在收入水平和稳定性上也具有一定优势。调研还发现，骑手工作能够通过与当地产业的互动，产生更多的就业机会。比如草原和冰雪旅游的发展，吸引了大量游客前来当地旅游，进而带动当地外卖需求的提升。特别是夏天旅游旺季，不少劳动者都在此期间短期性从事骑手工作。在当地，外卖业态渗透到镇级区域。在县里某镇，由于乳业生产聚集，大量务工人员有了外卖需求，外卖业态不仅服务了工厂的劳动者，同时也为当地劳动者提供了更多的就业机会。

由于工作地点离家更近、工作状态较为灵活，骑手工作不仅有利于满足劳动者照顾家庭的需求，而且也能让一些仍在务农的骑手兼顾农业生产。调研结果显示，美团平台上的骑手中超过七成因为"灵活性强"选择从事骑手工作，超过三成因为"方便照顾家庭"选择从事骑手工作。

案例 7：今年 19 岁的陈彦初中毕业后就出来工作了。刚离开学校时，他在美容美发行业做学徒。但陈彦觉得，美容美发行业特别辛苦，人多的时候，忙到半夜甚至凌晨三四点都是常态，第二天早上八点半又要到店里上班。今年夏天，陈彦加入四子王旗的外卖配送站点成为一名骑手，相比之下，骑手的工作时间就比较灵活。陈彦的妹妹在县城里上学，平时自己还可以照顾妹妹。陈彦的母亲在农村务农，有时候家里需要帮忙，陈彦只要和站长打个招呼，就很快能回到家里。在西藏、四川等地，美团站点也会根据当地农业生产的季节性需求，为骑手设置"捕虾假""虫草假""秋收假"等，骑手可以根据生产需求请假，美团则为他们提供相应的补贴，让骑手可以安心回家干活。

（三）骑手工作帮助劳动者提高收入水平和收入稳定性

以骑手工作为代表的新就业形态更易上手，这让职业技能水平相对不足的劳动者能够获得更多的就业机会。并且，"多劳多得"的特点也能让劳动者根据自身需要增强收入的稳定性。美团研究院在 2022 年 6 月开展的调研显示，来自重点帮扶县的骑手平均月收入为 4877.8 元，略高于 2021 年全国农民工月均 4432 元的收入水平，远高于当地城镇居民人均可支配收入水平（2020 年为 2502.2 元／月）。相对于收入波动较大的农业、零工等业态来说，骑手工作"按单计价"的计薪方式也能够让从业者的收入具有更稳定的预期。此外，由于骑手工作更加灵活自主，部分劳动者还可以在主业工作之外，利用闲散的时间兼职从事骑手工作，以此弥补主业工作的收入。

案例 8：今年 35 岁的龚霞是来自四子王旗的骑手。由于学历技能缺乏，长期以来她只能在饭店打打零工，收入微薄。2022 年，龚霞加入当地外卖配送站点。形成熟练的配送技能后，她平均每个月的收入可以达到 6000 元左右，这帮助她和家人提升了生活质量。

三、骑手工作经历助力劳动者提高就业能力

在重点帮扶县劳动者从事骑手工作的过程中，他们也提升了对未来生活的信心。骑手工作不仅帮助他们提高了生活质量，同时也帮助他们积累职业技能和工作经验，进而拓展了向其他职业发展的可能性。大多数劳动者并未把骑手作为终身职业，而是通过骑手工作实现了工作能力、工作经验的初步积累，打开了进入更广阔就业领域的机会，实现了向城市就业甚至定居的转型，从而更好地融入城市生活。

（一）骑手工作让帮扶县就业者坚定"劳动改善生活"的信心

对于大多数来自重点帮扶县的骑手来说，骑手工作多劳多得，薪酬有保障，只要肯努力，就能实现工作收入的明显提升，帮助他们抛弃了"等靠要"思想，提供了"劳动改善生活"的现实路径，增强了他们靠自己的努力奋斗改变命运的信心。一批来自农村地区的骑手，通过努力，生活发生了明显变化，有的掌握了接人待物的沟通技巧，适应了城市工作节奏，找到新的工作岗位；有的实现了在城市买房定居的意愿，子女获得了更好的教育机会；甚

至有的积累了一定资金，开始尝试小本经营，自主创业。成功的范例吸引更多劳动力走出乡村，尝试新的就业机会。

案例9：任师傅是某重点帮扶县农村户籍的女骑手。十八九岁时，任师傅就跟随父母去了外地打工。任师傅回忆起自己的第一份工作，是给服装生产厂洗衣服，之后又在食品厂打工。这些工作的收入都不高，在外面除去自己的花销，几乎存不到钱。四五年前，由于女儿要上学的原因，任师傅回到了老家。刚回来时，任师傅在当地超市当收银员。任师傅觉得收银员的工作虽然有固定的时间，但是由于不够灵活，并不方便自己照顾女儿，并且当收银员每个月的收入只有2000多元，难以承担家庭开销。大约两年前，任师傅加入当地外卖配送站点，成为一名外卖配送骑手。经过一段时间，任师傅已经对接送单非常熟悉，自己每个月的平均收入可以达到6000多元。加上丈夫打工的收入，这份工作不仅可以支付家庭日常开销，而且能够覆盖在县城买房的房贷，以及丈夫的车贷。如今，任师傅一家已经搬到当地县城，虽然生活的压力仍然不小，但对未来生活水平的提升有了更高的期待。

（二）骑手工作有利于帮扶县劳动者提升职业技能

伴随数字技术的日益普及，数字技能成为很多劳动者融入就业市场、提高竞争力的敲门砖。然而对于重点帮扶县的劳动者来说，缺乏与现代产业相匹配的技能，是阻碍其提高就业质量的重要制约因素。研究显示，骑手工作能够帮助劳动者适应数字经济时代的产业需求，在一定程度上弥补了重点帮扶县劳动者人力资本积累较弱的短板。上海交通大学研究团队的研究成果显示，网约配送工作可使劳动者掌握更多柔性的通用技能，包括良好的沟通与情绪管理能力、对周边环境与城市布局的熟悉程度等通用技能。这些技能不仅有助于外卖骑手提高自身的跑单效率、提升获得感和就业质量，也能够帮助部分劳动者拓展向其他职业发展的可能性。

案例10：长期以来，美团关注骑手从入行、熟练、晋升到转型等各个阶段的发展需求，推出"骑手成长计划"，从内部晋升、转岗、进修等方面，为骑手提供转型机会。比如，美团与国家开放大学合作推出的"骑手上大学"项目，近年来已帮助 248 名骑手免费进修物流管理专业的课程，并获得本科和大专学历。来自广西壮族自治区某重点帮扶县的农师傅就是"骑手上大学"项目中的一员，在忙完一天的工作后，他就在线上参与物流专业的课程学习。"骑手上大学"项目为他将来的转行积累技能和资源，帮助他在即时配送行业生态内外探索更多可能。

（三）骑手工作为帮扶县劳动者创业积累经验和资金

调研发现，在重点帮扶县从事骑手工作的劳动者中，不少人都有做点小生意等创业的想法。由于以骑手工作为代表的新业态具有稳定且较高的收入水平，有利于他们积累创业启动资金。并且，由于骑手业态能够与当地产业互动发展，使得骑手工作成为观察本地产业的窗口，这也有利于有创业意愿的劳动者积累经验。

案例 11：陈师傅在做外卖配送骑手之前，曾有过短暂的开餐馆创业经历，但以失败告终。几经考虑，他选择成为一名外卖配送骑手。陈师傅说，在做骑手的过程中，自己知道了哪里订单需求多、什么样的餐销量好，这让自己对餐饮业更加了解。如今，陈师傅已经做了四年的骑手，他打算再干一段时间骑手，攒够本钱，就继续出去创业。

四、相关政策建议

数字经济新业态提高了劳动者的就业自主性、能动性，在重点帮扶县劳动者的就业过程中，增强了劳动者自力更生、改变命运的信心，也提高了部分劳动技能，客观上发挥了扶志扶智的作用。针对重点帮扶县发展基础弱、劳动者技能相对不足的现状，建议充分发挥新就业形态的就业承接能力，让广大劳动者实现充分就业。同时，着力提升重点帮扶县劳动者的劳动技能、完善就业公共服务体系，进一步培育重点帮扶县的内生发展动力。

（一）鼓励平台经济健康发展，支持新就业形态在吸纳重点帮扶县劳动者就业中发挥更大作用

新就业形态是我国就业格局中的重要组成部分，也是重点帮扶县劳动者就业的重要渠道。建议进一步发挥新就业形态在稳就业促就业中的作用，一是要加大重点帮扶县的数字基础设施建设，为新业态在重点帮扶县的发展夯实基础。二是要增强相关企业拓展业务、扩大用工需求的信心，积极向县域地区拓展，吸纳更多劳动者就地就近就业。三是在重点帮扶县加大对平台经济带动就业的宣传力度，让更多劳动者接触新模式、新业态，拓展外出务工的劳动者依托平台实现就业增收的机会。

（二）加大人才培训力度，提升重点帮扶县劳动者的数字化技能

由于脱贫地区经济社会发展相对滞后，劳动者受教育程度普遍不高，导致部分劳动者对于新一代信息技术的应用能力偏低，难以深入参与数字经济时代的产业分工。建议在重点帮扶县有针对性地开展数字教育，全面提升劳动者数字技能。一是打造提升劳动者数字素养和数字技术应用的通用性课程。组织开发面向重点帮扶地区劳动者的数字技能通用素质培训教材，鼓励技能人才返乡授课，并为参与数字技能培训的劳动者提供相应的误工补贴。二是结合各地产业发展特点，由政府牵头按需打造数字技能培训内容。比如围绕当地产业振兴，加强电商、物流等领域的专门人才培训，持续开展农村实用人才带头人专题培训，为更多劳动者创造在干中学的机会。三是拓展劳动者参与培训的渠道。比如遴选培育一批数字技能培育优质技工院校，遴选推荐一批互联网职业培训平台，依托线上线下融合的方式，打造一批功能突出、资源共享的区域性数字技能公共实训基地，全面提升数字技能实训能力。

（三）进一步健全脱贫地区就业服务体系

建议在就业介绍、就业指导、创业扶持等方面为劳动者提供全方位服

务。一方面，要加大对市场招聘信息和就业政策的宣传和推广力度，帮助脱贫群众及时获取准确的就业信息。县级公共就业和人才服务机构定期举办招聘活动，建立企业用工保障服务清单和劳动力需求清单制度，紧盯重点行业、重点招商引资企业，定期调查发布急需紧缺职业（工种）目录，开展多层次对接活动。另一方面，支持脱贫人口自主创业、灵活就业。将脱贫人口创业优先纳入服务范围，强化创业服务，对脱贫人口创业给予补贴及创业担保贷款扶持。比如对重点帮扶县有创业意愿的劳动者，提高个人创业担保贷款额度，降低对小微企业创业担保贷款申请门槛，免除优质创业项目的担保贷款反担保要求等。对于一些劳务输出较多的重点帮扶县，建议通过互联网平台培育树立本地劳务品牌，加大劳务品牌推介力度，持续提升重点帮扶县劳务品牌的影响力和竞争力，制订专门计划提高劳务输出质量。

（四）逐步推进外来务工人员在就业地享受均等化的公共服务

难以在就业地享受均等化的公共服务是脱贫地区劳动者外出就业的重要限制因素。现行户籍制度不仅不利于脱贫地区劳动者外出务工，而且造成我国劳动力市场分割，不利于经济社会长期可持续发展。建议进一步推进外来务工人员在就业地享受均等化的公共服务。比如在教育方面，一方面要逐步打破户籍限制，逐步将外来务工人员子女纳入就业地的义务教育体系，切实保证农民工子女平等接受教育；另一方面，督促人口流入地地方政府加大教育投入，以此鼓励企业和社会等民间力量办学，降低为外来人口随迁子女提供教育的办学门槛，为民办教育提供资金、场地的扶持。由于流动人口收入低、工作繁忙，应在资金和场地等方面扶持针对流动人口随迁子女的学校外教育和照看。在医疗方面，既要保障外来务工人员平等享有基本医疗卫生生育服务，比如推广在外来务工人员聚居地指定定点医疗机构的经验，同时又要进一步健全异地医保结算流程，方便外来务工人员就近就医。

（备注：文中骑手均为化名）

年度热词

小挣青年：小挣青年主打一个做小事、干小活儿、挣小钱，与高薪和暴富的追求相反，小挣的生活是一种"经济适用"的人生。小挣青年有几个隐藏元素：自由、灵活、从容，可以随时进入和退出，并且有一定层面的精神满足，主要为从事新职业的青年

"悦己式"就业：当前青年不再执着于"按部就班"式的工作，相比光鲜体面，他们认为适合自己更重要。他们不仅追求"收入与财富"，也追求精神层面的富足，比如看重团队氛围、偏好创造性强的新兴行业

森林康养师：森林康养师指从事森林康养方案设计、环境评估和场所选择、康养服务、效果评估、咨询指导的服务人员。近年来，森林康养这一释放心理压力、愉悦身心、提高身体机能的生活方式，越来越受到公众的欢迎，也让森林康养师不断走俏

家门口就业圈：近年来，为促进高质量充分就业，各地探索建立更为便利的基层就业服务体系，依托数字平台精准匹配就业供需，努力打通就业服务"最后一公里"，让更多人在家门口就能享受到职业指导、岗位培训、技能培训、岗位推荐、就业援助等服务。2023年，我国就业公共服务水平稳步提高，1万个"家门口就业服务站"、15分钟就业服务圈加速布局

AI数据标注师：AI数据标注师是伴随人工智能发展诞生的新职业，是负责为人工智能系统提供准确的标注数据的专业人员。他们的工作是对大量的图像、视频、文本等数据进行标注和分类，将非结构化的数据转变为机器可识别的结构化数据，使机器通过大量学习这些数据后化"人工"为"智能"，因此AI数据标注师也被称作人工智能的"启蒙老师"

社会治理篇

数字化使
中国城市走向宜居、韧性与智慧

中国人民最为朴素的一个愿景，无非是"天无私覆，地无私载，日月无私照"，主张的是人类要学习天地日月无私养民的优良品格，效法自然，公平惠及，万类不遗。

在人类社会轰轰烈烈向前发展的几千年间，"万类不遗"这个夙愿始终点亮着人们来时的方向，以及所要抵达的彼岸：不管是推崇孝道，抑或是法律税收等二次分配手段的出现，无一不是促进公平的宝贵尝试。

而在数字化浪潮轰轰烈烈的今天，越来越多的鸿沟得以弥合。2023 年12 月，国家发展改革委、国家数据局联合印发《数字经济促进共同富裕实施方案》（以下简称《方案》）。《方案》提出，通过数字化手段促进解决发展不平衡不充分问题，不断缩小区域、城乡、群体、基本公共服务等方面差距，推进全体人民共享数字时代发展红利，助力在高质量发展中实现共同富裕。

"万类不遗"，在新时代有了新的诠释——共同富裕。中国城市发展至今，共同富裕的内涵已经有了深刻外延，从人群的广泛覆盖，到成果的广泛共享，数字技术得以保障更多社会资源的均衡分配。

在党的二十大报告中，推进以人为核心的新型城镇化建设主旨更是落到了"三个城市"上，即"宜居城市""韧性城市""智慧城市"。

　　过去无法改变，但未来可以被创造，毕竟与挑战同行的永远是解法。2023 年，在数字技术的赋能下，我们观察到中国社会治理呈现了三大动向：

　　一是，为打造宜居城市，中国越来越多三、四线城市，乃至县城都开始投身智慧城市的队伍，越来越多人可以更公平地享受到数字经济发展的成果。而随着智慧城市的深入发展，数据要素的价值被不断激发，公共服务的精准度和社会治理的精细度都上了新的台阶，从智慧养老、智慧托育，到智慧招聘、智慧补贴……公共服务的普惠化，也是让城市更有人情味，打造宜居性的重要举措。

　　二是，为打造韧性城市，增厚城市发展的安全垫，通过一系列数字技术和相关工程服务，打造体系化防控风险的"安全城墙"，也成了多座城市的重要举措。比如，"平急两用"公共基础设施建设就在政策引导下加快推进。此外，城乡一体的大背景下，在乡村振兴中开启韧性乡村建设，也有助于中国社会治理走向更高效。

　　三是，部分城市先行先试，不断探索中国城市数字化治理的天花板，并总结了不少先进经验。比如中国社会主义先行示范区深圳及其所在地粤港澳大湾区的大胆尝试和实践深化，就为数百座中国城市贡献了可被观察、可供学习与复制的数字生态样本。

　　《"十四五"数字经济发展规划纲要》指出，数字化服务是满足人民美好生活需要的重要途径。中国社会治理正在通过数字技术一步步走向"以人为中心"的建设，通过孪生城市、数据资产化、城市管理系统，乃至中国平台企业的共同努力，一个宜居、韧性且智慧的中国城市蓝图，已经徐徐展开。

从"治理"走向"智理"，
普惠公共服务照亮每一个人

"您好，这里是呈贡公安分局反诈中心，近期诈骗案件高发，有很多投资理财、网上贷款、刷单兼职、冒充客服等方式的诈骗。刚才检测到您疑似接了一个诈骗电话，请不要相信……"这是"AI 反诈民警"拨给市民的一个反诈劝阻电话。

在信息技术数字化发展日益发达的背景下，电信诈骗等非暴力型犯罪也在影响人们的日常生活。为了更好地守住民众的"钱袋子"，2023 年 1 月，云南昆明市呈贡分局与云南移动联合推出了"AI 反诈民警"。

开头的那一通电话，平均每天会拨出去 2600 多次。自 AI 反诈民警启用以来，劝阻人次超 43 万，光是半年的劝阻工作量超全局 2022 年全年总和。"按照每位民警每天拨打 200 个电话计算，需安排 10 多名警力全天专职开展预警劝阻这一项工作，整天下来筋疲力尽不说，还不一定能像 AI 反诈民警一样，将劝阻话术的专业水准保持在同样程度。"昆明市公安局呈贡分局刑侦大队副大队长刘文贤算了一笔账，并指出，AI 民警的存在，确实给基层民警减轻了极大的压力，进一步释放了警力。

这个民警的"好战友"，不仅可以做到 7×24 小时在线值守，还能在通话中基于上下文语义自动理解，主动沟通应对，输出具有针对性的反诈话术。更重要的是，"AI 反诈民警"通过大数据智能分析诈骗电话、网站和资金流动的特征信息，可以识别正在进行中的疑似诈骗行为，及时将预警信息推送至一线反诈民警，将反诈做到了前置环节，还能人机联动。在部分有必要的情况里，民警还会第一时间上门劝阻，将反诈工作落到实处。

让 AI 民警进行反诈工作，只是智慧警务的一个小切面。在更广阔的领域，"AI 警官"已经走入千家万户的"通讯录"，第一时间介入各种社情民意，成为邻里街坊的好帮手。

"楼上的空调水滴到我家窗户上，吵得睡不着觉，能不能帮忙解决问题。"家住浙江舟山新城千岛街道红茅山北苑小区的朱女士，在警务微信群内紧急求助。

这虽然只是一件邻里小事，但群里的 AI 警官立即回复，"收到，立刻安排社区民警处理，谢谢！"，同时，还将警情推送给千岛派出所社区民警黄舟斌。几分钟后，黄舟斌已来到小区上门调解，并安排工人维修，很快两家人握手言和。

在舟山千岛街道，有事找"AI 警官"，已经成为当地群众的习惯。在这样一个流动人口较多，治安情况复杂的地区，当地警力有限。为了更好地服务民众，舟山市公安局新城分局开发智联工作平台，以千岛派出所为试点，

环境监测也进入 AI 人工智能时代

在辖区警务群、网格群、业主群、行业群等相关微信群中，嵌入虚拟 AI 警官账号，通过文字对话、语音对话等方式，全天候实时回复群众咨询。

目前，"AI 警官"可完成各业务警种 70% 常见问题沟通咨询，日均解答群众问题 200 多人次。自"AI 警官"上线以来，舟山新城试点区域内，电信网络诈骗案件发案呈现明显下降趋势，发案数、财产损失数同比分别下降 60%、32.4%；社会面治安平稳有序，警情案情、纠纷类警情同比分别下降 18.38%、53.85%。

城市正如一个生命体，只有不断生长才能生机勃发。从更广阔的场域来看，随着大模型的出现，以及各地积极实践，智慧城市治理的想象空间也在进一步拓展。

2023 年 5 月，北京市发布《北京市促进通用人工智能创新发展的若干措施》，提出要推动通用人工智能技术创新场景应用、探索营造包容审慎的监管环境等措施。个中佼佼者如海淀区的"城市大脑"，就出色地成为先锋探索者——

其首次将数十家国产算法、算力等厂商拉通适配，系统融合近 50 亿条城市多维感知数据，与大模型紧密携手，在城市治理的各种问题上"脑力全开"。

在海淀城市大脑智能运营指挥中心（IOCC），这里以每秒 2028 万亿次算力运转构建了"时空地图"——将"人、车、地、事、物"的时空动态以信息可视化的形式展现出来，全面感知着全区 431 平方公里的心跳和脉搏。

比如，面对城市治理的老难题渣土车，由于打通并汇聚了来自住建、城管委、交通支队、交通委、生态环境局、农机局和交通部信息中心等多部门的数据，"城市大脑"可以运用 AI 计算中心和时空一张图等，让无准运证、违反禁限行等行为一目了然，就连遮挡号牌的违法行为，也能通过 AI 自动外观和行驶线路比对实时找出"真身"。仅仅是 2023 年上半年，"大脑"就发现渣土车违反尾号限行、无准运证运输、遮挡号牌等违法违规行为 7900 多件。

大到全区的交通运行，小到某个社区的一辆电动自行车违规上楼，都在"城市大脑"面前无所遁形。在"城市大脑"智慧社区模块，北坞嘉园北里17号楼出现了一个亮标，这意味着有一个电动自行车违规上楼充电。而整个智慧社区的呈现方式极具科幻感——10种400多个不同感知设备汇聚在一起，彰显着智能安防、智能烟感、智能井盖、安全用电等众多功能。这些数据，也都会同步到社区平台，让当地工作人员进行处理。

数据显示，2023年全国已建成智慧安防小区33.6万个，在小区，智能识别系统、智能可燃气体报警器、紧急救助服务"一键报警"等智能设备广泛应用。依托这种逐渐铺开的"数字神经末梢"，城市居民的安全感大大提升。

在北京，数字技术甚至已经深入高楼大厦的肌理，成为老百姓身边随处可见的"黑科技"，在智造中实现低碳升级。在亦庄，中建科技集团就在短短9个月时间里，从无到有，建成了国内楼层最高、建筑规模最大的模块化建筑——北京亦庄蓝领公寓。

这座9层32米高的"魔方式"建筑，大部分"躯干"如机电、幕墙、装饰等都是在工厂完成预制生产，再运到现场进行吊装，实现了"像造飞机一样造房子"。在这个复杂的模块化装配过程中，离不开中建科技的装配式建筑智慧建造平台，工人们才得以让建造速度比传统建造速度快上60%。这种未来城市的建造方式，可以在极大程度上实现节能减排：由于零湿作业，可节水70%并实现零污水排放；免去了脚手架和模板，可减少80%的建筑垃圾；免焊接等工序，可节电70%；可循环材料利用率达到90%，实现零材料损耗。

同样借助数字技术在环保领域大显身手的，除了建筑企业的"智造"新方式外，还有互联网平台的发力。美团发起的环境保护行动青山计划，目前已经有初步成效。具体来说，截至2023年12月，"青山计划"已经在全国15个城市推动落地规模化垃圾分类及餐盒回收项目，累计回收约1.76万吨塑料餐盒，推动餐盒回收逐步纳入社会化回收体系并依托社会化回收体系实现可持续运转。

这些回收的餐盒经过重新"改造"利用，可以变成手机壳、单车挡板，甚至服装、饰品等让人意想不到的日用品。比如，"青山计划"就联合晨光文具，将塑料餐盒进行回收再生处理，打造了国内首款碳中和文具，其中每支中性笔可减少约 2.3 克原生塑料使用。

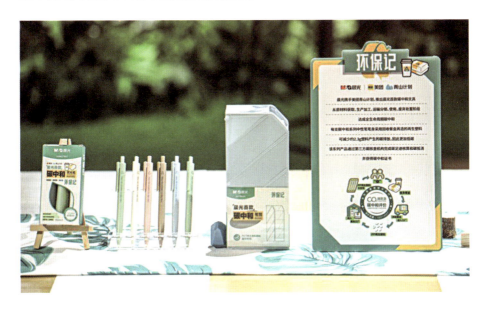

"青山计划"携手晨光推出首款碳中和文具系列

此外，平台汇聚了超过百万青山公益商家共同支持环保公益，并有超 4 亿用户使用过外卖"无需餐具"功能，在举手投足间就完成了一次"减碳行动"。

数字技术的创新应用，还在持续提升重点民生领域服务的覆盖面和精准性。一方面，智慧城市在中国历经 20 多年的发展，除了在超大城市如火如荼地进行，还在不断下沉至三、四线小城市，从南到北，惠及更多普通人；另一方面，养老、托育、社会保障、教育等等领域，也在涌现出一批数字创新应用，为不同区域、不同人群提供个性化、多元化的精准服务。

在数字技术的加持下，"老有所养，幼有所托"的美好愿景，已经在广大小城市乃至县城，涌动出一批批生动鲜活的案例。

比如，河南濮阳清丰县城南街道，针对老龄化严重、独居老人日益增多的现状，就建立起了互联网＋智慧养老平台＋呼叫中心＋智慧终端的服务模式。

"家里有了智能管家，对我帮助太大啦!"65 岁的孟祥蕊是当地一名独居老人，在她的家门口装有红外感应器，只要家里一天没人出门，社区人员就会上门查看；床头也有可视电话和一键呼叫器；厨房有烟雾报警器和燃气泄漏报警器，一旦检测情况有异就会自动报警……这些装备，已经两次救孟祥蕊于危机之中——一次是睡前昏厥，一次是出门前炖汤忘记关火，智能装置都兢兢业业地发挥了作用。

截至目前，清丰县城南街道书香社区对排查出的 32 名居家养老的独居、失能、半失能老人，全部免费安装了紧急按钮、智能手环、门磁感应器等意外报警设备，如遇监测平台报警，第一时间上门查看情况，分级分类处理，帮助联系救援力量，让老年人在家居住得安心，让子女们在外工作得放心，逐步形成"一键呼叫、安全无忧"的城南智慧康养模式。

中原大地的西南边陲，四川内江市市中区也针对老旧小区重点进行了"智慧小区"建设，在公共区域安装监控、周边警戒等平台系统。通过智慧管理平台查询居民行走轨迹，城东街道交通路社区还顺利找回了一位患有阿尔兹海默症的走失老人。

山东济宁，更是建立了一套智慧化托育服务体系，以更好呵护"社会最柔软的群体"——3 岁以下婴幼儿。在山东移动济宁分公司托育中心，有一个数字大屏，透过这个大屏幕，可以直观了解到园区环境、一日流程、营养餐单、日常照护等数据，同时也能直观反映出勤情况、孩子健康及看护数据。对于家长而言，由于园区遍布摄像头，透过一部手机就能直接看到宝宝的饮食、睡眠、活动等情况，也能够安心工作。

跳出个例看全市，济宁也在大力打造 15 分钟托育服务圈，搭建智慧托育信息平台。截至 2023 年底，济宁市托育服务机构达到 812 家，婴幼儿托位数 4 万个，每千人口拥有 3 岁以下婴幼儿托位数达到 4.78 个。婴幼儿入托率 13.7%，成功创建全国第一批婴幼儿照护服务示范城市。

以上案例之外，从采购端观察，越来越多小县城也开始投入"智慧城市大家庭"的怀抱，"数智郯城""数智建水""智治沈丘""徐闻县智慧城市""姚安县智慧城市"等项目接连冒出，昭告着一波数字化浪潮还将持续深化，直到彻底赋能大国的每一根"毛细血管"。

2023 年 12 月，国家发展改革委、国家数据局联合印发《数字经济促进共同富裕实施方案》，指出要通过数字化手段促进解决发展不平衡不充分问题，不断缩小区域、城乡、群体、基本公共服务等方面差距，推进全体人民共享数字时代发展红利，助力在高质量发展中实现共同富裕。

从城市到县域，从"银发族"到"婴幼儿"……一个个数智场景正在拼凑成数字社会的智慧样貌，填平群体与群体之间的沟壑，上演着"万类不遗"的和谐乐章。

数字技术夯实韧性城市底座，乡村振兴持续加速

台风还没靠近大陆，沿海地区就能精准预测可能的受灾情况、受灾范围，以及撤退路径；内陆城市罕见遇上内涝，原本难以预测的汛情也一目了然，成为可视化的屏幕画面，城市应对越发自如；平静的森林里，某地仅仅冒出了烟雾，就在几秒钟内被抓拍并推送至工作人员的通信设备，将山火扼杀在摇篮里……在人们未曾注意的角落里，数字技术悄无声息地构筑起了一个防灾减灾的"数字屏障"，让城市在面临突发灾害时更灵活，更智慧，也更具韧性。

自党的二十大报告后，"打造韧性城市"又出现在了 2024 年政府工作报告里。所谓"韧性城市"，指的是一座城市能够较大程度地抵御外界冲击，从各种负面影响中尽快恢复，并维持城市系统的稳定运行。2023 年 12 月初，习近平总书记在上海这座超大型城市考察时，更是首次明确提出："全面推进韧性安全城市建设，努力走出一条中国特色超大城市治理现代化的新路。"

在"韧性城市"的表述里特别增加"安全"二字，足见城市发展中，安全诉求被摆在了越来越重要的地位。毕竟，即使抛开大城市固有的城市病不谈，近在咫尺的全球变暖加剧，也已经给城市发展带来了太多不确定性。

2023 年，世界气象组织发布报告指出，在温室气体和厄尔尼诺的推动下，未来五年中至少一个年份，全球年平均气温可能会飙升至创纪录水平的概率为 98%。联合国政府间气候变化专门委员会（IPCC）发布的《气候变化 2023》则指出，全球气温上升，会加大气候系统达到临界点的风险。而以上预测，意味着更严重的高温、降雨以及其他极端天气将陆续来临，增加

了城市系统的风险。

提升城市韧性成为各大城市的当务之急，早早布局，才能灵活应对。2023 年初，中国完成了历时三年的第一次全国自然灾害综合风险普查，近500 万人克服重重困难，获取了数十亿条全国灾害风险要素数据。这种举国进行的大规模"山河体检"，也让全国各地得以更精准地建立起防灾减灾的"智慧大脑"。

普查调查成果

致灾要素数据 （6大类23种）	地震	场地地震工程地质条件钻孔	2.7万孔
	地质	地质灾害隐患点	28万多个
	气象	10种气象灾害致灾因子信息	664万条
承灾体数据 （6大类27种）	水利	干旱致灾调查数据	7万多条
	海洋	四类重点隐患	6000多处
	林草	森林和草原可燃物样地	11万多个
		实验室样品检测	80万份
综合减灾能力数据 （3大类16种）	住建	城乡房屋建筑	近6亿栋
		市政设施（市政道路、市政桥梁、供水场站）	80多万处
	交通	公路路线	500多万公里
		公路桥梁和隧道	90多万座
历史灾害数据 （2大类2种）		沿海万吨级以上泊位和千吨级以上内河泊位	6000多个
		三级及以上内河航道	1.5万公里
	民用核设施	民用核设施调查数据	2.3万条
	应急管理	公共服务系统设施	70万多个
重点隐患数据 （5大类）		危化企业（含加油加气站）	近15万个
		煤矿和非煤矿山（含尾矿库）	3万多座
		综合减灾能力数据	450万条
		年度历史自然灾害数据	230多万条

东南沿海的福建地形条件特殊，不仅枕山、临海又依江，还地处地震带，当地台风、洪涝灾害频发，因而早早就在灾害风险防治上插上了数字化的"翅膀"，朝着智慧应急的方向坚定前进。

在省会福州市应急指挥中心，有一块夺人眼球的大屏幕。这里不同颜色的数据实时滚动，涵盖了应急、气象、住建、市政、公路、地质、水旱、海洋和林草等 9 个专题 65 个图层数据的信息，汇聚成一张包罗万象的数字大网——哪些区域是风险点，哪些地方存在隐患，一目了然。而这些数据，都来源于 2020 年就开展的自然灾害普查，这项贯穿三年的"家底"盘点，汇聚了 9 个行业近 1307 万条普查数据。"与原有各行业部门调查最大的不同是'综合'。强化各行业部门数据的关联、耦合，发挥 1+1>2 的效果。"福建省普查办副主任、省减灾中心主任周翔说。

在"大网"之下，分管着各类子系统。比如，针对洪涝灾害，福州的临灾风险预估子系统，就会基于风险普查的人口、经济、房屋建筑等承灾体数据、减灾资源数据以及历史灾害数据，结合卫星遥感数据、无人机数据等，提前研判未来 12 至 24 小时台风和暴雨情景下的风险，自动生成精度较高的评估报告。不仅仅是台风，福建还将普查数据融入了全省"细胞"，建立了覆盖全省 1.7 万家重点监管对象的"安全生产一张图"，实现了监管执法一体化。目前，这个平台已经汇聚省市县四级共 27 亿条数据，驱动智慧防灾。

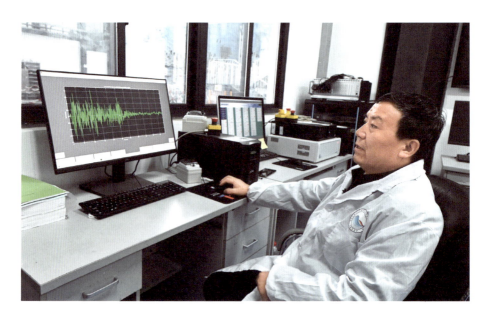

成都理工大学地质灾害防治与地质环境保护国家重点实验室，工作人员对地震滑坡进行预测

　　这些体量庞大的数据，已经在福建全省"多地开花"，结出了能够落地的丰盈果实。而这，还只是全国打造韧性城市的冰山一角。

　　中国西南深处腹地，位于嘉陵江、涪江、渠江三江交汇处的重庆合川区，同样是自然灾害多发地。通过不断织密监测网络，布置气象监测站点、安装地灾监测预警设备，与四川气象部门共享三江上游降雨情况……合川区就能一改旧日事后抢险的做法，转而提前消除风险。当地地灾应急指挥中心工作人员李志强在 2023 年 3 月初，留意到安装在三汇镇响水村的监测设备发出告警，白杨湾有危石存在变形迹象，如果崩塌将会危害附近住户。因此，他当即联系当地地质工程师前往核实，确认属实后安排相关人员对危石进行破除，成功守护了危石下方住户 3 户 5 人及房屋的安全。短短一天时间内，从收到警报到上门破除，潜在的地灾隐患就被火速扼杀，这就是检测设备的智能化、全覆盖为防灾带来的可喜变化。

　　还有东北地区，黑龙江、吉林、内蒙古三省联合通过数字孪生技术，进行松花江流域的防洪调度演练，实时模拟洪水淹没时的情景，实现与物理流域的虚实交互，用数字技术筑起洪水防御的"安全堤坝"；南部的广东汕头，则用北斗卫星技术进行高精度检测，实现危房的自动化检测、桥梁道路安全监测，以及建筑工程的安全性检测，用数字技术为建筑上了一层"保险栓"；距离海洋最遥远的"亚心之都"乌鲁木齐，更是针对安全生产建设了一条"智慧生命线"，对重点生产区域的生产厂区、燃气管道和与之相连的通信管网、供排水管网、电力管网等进行三维建模，绘制了乌鲁木齐第一张"地下管网三维地图"，提升城市安全运行监测预警和指挥调度能力……韧性城市，在大江南北广大城市的一次次实践与探索中，逐渐成型。

　　从灾前预警，到数字孪生体实施演练，打造数字化"抗灾尖兵"，再到借助"一张图"智慧调度，数字化与体系化防控并举，可以更好牢筑城市安全运行的城墙。

　　当然，数字防灾并非城市专利。党的二十大报告提出，"坚持农业农村优先发展，坚持城乡融合发展，畅通城乡要素流动"，随着城乡二元体系的逐渐消融，韧性乡村的积累和锻造也愈发受到重视。通过数字化手段推动并实现乡村振兴，改变乡村的治理模式和农民的生产生活方式，已经成为当前的重要课题。

"我承包的 2000 多亩地都在高标准农田示范区里，可机械化程度高，节约成本，我每年每亩地给乡亲们 1300 元租金和 300 多元分红！"河南新乡的"新农人"薛卫波自豪地展示手机里智慧农业云平台的界面，在这里，土壤墒情和病虫害情况一览无余。就连"种田"都成了真正意义上的"举手投足间"就能完成的小事——手机上一点，水肥一体机自动配比、喷灌，喷防则采用无人机作业，真正实现了解放双手。

无人驾驶水稻收割机亮相安徽芜湖

以上这一幕，出现在河南。作为中国农业大省，国家粮食安全"压舱石"，河南早在 2022 年就提出要打造"中原农谷"，在加快建设农业强省、全面推进乡村振兴这盘大棋中落下关键一子。而这一子，就落在了北依太行，南临黄河的新乡。

2024年三月初，惊蛰过后，中原农谷核心区已经是沃野千里，处处流淌着数据与生机。中央一号文件提出，加强气象灾害短期预警和中长期趋势研判，健全农业防灾减灾救灾长效机制。中原农谷正将这一要求融入农田建设中，让智慧农业成为现实，造富无数薛卫波这样的"新农人"。

在这里，随处可见一个自带屏幕与探头的智慧合杆，它头戴大气传感器，眼挂监测农作物生长的高清摄录设备，脚"穿"土壤传感器，腰缠边缘计算网关。由此，可以检测大气温湿度、光照强度，还有风速风向等这些大气数据，收集土壤温湿度、土壤pH，还有氮磷钾等土壤数据。收集来的数据可以回传给数字大脑，再结合作物生长特性等进行气象与病虫害的灾害预测，农业科技人员就能结合互联网＋大数据进行分析研判，最终落到"新农人"的手机里，进行具体而微的实践指导。"数据显示墒情还可以，就是有点缺氮，近几天都是晴好天气，建议农户在浇返青水之前多补充点氮肥"，新乡市平原示范区农技站长师战波根据手机里的数据，做出了判断。

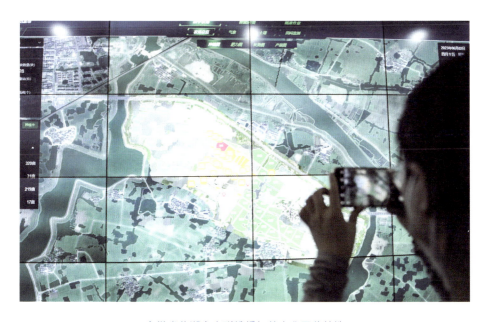

安徽省芜湖市中联峨桥智慧农业示范基地

新乡市农业农村局调研结果显示，高标准农田示范区机械化水平比非示范区提高 15% 至 20%；粮食综合生产能力明显提升，亩均粮食产能增加 10% 至 20%。新质生产力，就这样从土壤中悄然发芽，破土而出。

中原一地的数字化耕种尝试，已经生根发芽，但并非每个地方都能拥有一位"种田专家"，指导农民进行农事操作。不少科技公司盯上了这个空白，跳出地理的限制，决意让科技赋能每一位农民，让大模型的风从实验室吹到田间地头。

山东省滕州市智慧农业产业园，菜农在蔬菜基地内劳作

2023 年 6 月，国内首款农业对话 AI 机器人"小田"横空出世，其拥有覆盖全国 2800 多个县的农产品流通大数据，以及多个农业细分领域的专业知识，更有新品种新技术、农业技术、供需行情、产销智能匹配等多个模块，可以针对不同用户群体，从生产、流通、采购等全链条多个场景帮助农民解决种什么、怎么种、如何卖、高效买的问题。

以河南西瓜种植为例，农业工作者可以通过"小田"在产前了解不同西瓜品种的历史价格趋势，并选择采购热度更大的品种种植。产中可以利用"小田"咨询可能遇到的虫害、枯萎、沤根等病症，并找到解决方案。产后可以参考全国各大市场的西瓜行情大数据，选择合适的市场，并精准寻找合适的销售渠道。从产前、产中到产后，面面俱到。

一亩田 CTO 胡嵩一针见血地指出，信息鸿沟依然是农民致富路上最大的障碍。由于田间地头的问题同时涉及土壤、农作物、包装销售等不同领域，无法由单独的一个专家解答，因此将乡村产业发展的实际需求、平台全品类农产品的行业知识图谱及产销大数据体系，与 AI 大模型技术的科技趋势结合，就是用 AI 赋能农业，让每一亩田更有价值。

如果说，地方政府跟科技公司高效解决了"产"的问题，那么互联网公司作为一个连接全国的庞大平台，则可以为乡村振兴提供"销"的解法。《数字农业农村发展规划（2019—2025 年）》中指出，到 2025 年，数字技术与农业产业体系、生产体系、经营体系加快融合，农业生产经营数字化转型取得明显进展。这意味着，生产必须与经营挂钩，共同迈向数字化的彼岸，才能迎来繁荣的农业春天。

美团推出多年的"新农商培训"计划，就重点帮扶县、电商综合示范县等地开展线下培训，为驻村书记、电商经营者、返乡创业者等致富带头人提供培训，让当地有心人都成为"新农人"，拿起"直播电商"、手机 APP 等"新农具"。

其中一名经过培训的"头雁"，湖北"95 后"女大学生熊颖就带领小农户对接大市场，以"头雁效应"激发"群雁活力"，让"本地尖货"高山菜苔成恩施州土苗百姓致富菜。这种湖北当地的特色"省菜"，在恩施本地价格更实惠，品质更优，在相关政府机构指导下，熊颖对接美团旗下自营零售品牌小象超市，送高山菜苔走上互联网销售高速路。

当前，熊颖和创业伙伴们带动恩施州近 10 个村、近 500 名农户通过红菜苔产业链致富，农户通过种植、采摘、分拣等多环节增收，人均年增收近7000 元。武汉市民们，也能通过手机下单，享受小象超市 30 分钟配送高山

女大学生"头雁"带土苗村民掐菜苔

菜苔到家服务。

类似的一幕幕，还在广大山区不停上演。本地零售平台实现农产品原产地与大城市消费者餐桌的"直连"，一手拉动农人致富，一手拉动消费繁荣。美团数据显示，2023 年 12 月上旬，在全国各地搜索菜苔的用户中，北京人搜索量排名第一位，深圳、武汉、长沙、广州消费者紧随其后。菜苔也由此从湖北省菜，一路破圈走向各大城市，成为荆楚游子在异乡也能尝到的家乡味。

从数字防灾减灾，到人工智能助力乡村振兴，人人都得以有机会获得"数字新农具"，与终端市场直接对话……数字化浪潮奔涌不息，时刻脉动在960 万平方公里的大地上，让各类鸿沟小一些，再小一些。

黑科技渗透农田，"科技春耕图"徐徐铺开

一年之计在于春。2024年一开春，我国春耕备耕生产已经由南向北陆续铺开。3月份，农业农村部农情调度显示，目前，夏粮主产区春季田管有序展开，华南早稻开始育秧，东北秋粮正在备耕。

在今年的春耕里，各种科技元素闪现在全国各地的田间地头，从智能化农业机具争相上岗，到新模式、新方法的大显身手，一幅幅"科技农耕图"在广袤田野里徐徐铺开。

在浙江桐乡，越来越多的新型农机开进了蔬菜大棚和数字工厂里。在浙北最大的数字化育秧工厂里，虽然近期连续降温降雨，但丝毫不影响棚内的出苗率，这都得益于有新型数字化育秧机、出苗机的"保驾护航"。

在大西北的新疆生产建设兵团第六师芳草湖农场，一百多座蔬菜大棚整齐排列，各类果蔬长势良好，日产量达十余吨。农场通过对蔬菜大棚进行技术改造，实现了大棚自然日光增温蔬菜种植，同时，采用全自动水肥一体化系统，对蔬菜进行精准水肥灌溉，实现了高效、环保、省力、增效的良好效果。

在江西萍乡芦溪县上埠镇茶园村，村民通过当地供销社新上线的数字供销平台，一天的时间，就收到了供销社送来的春耕所需的化肥，平台还能联系专家帮忙测土配肥，减少化肥用量，降本增效。平台借助互联网＋第四方物流的系统，可以覆盖全县116个行政村。

在山东莱西马连庄镇，技术人员为麦田进行航测，无人机搭载多光谱相机收集的数据通过智慧农业管理平台分析处理后，就能精准绘制出春管地图，为农户制定个性化春管方案。

在浙江省桐乡市濮院镇的葡萄园里，一台施药机可以完成 100 多亩的打药任务，给这台机器连接 Wi-Fi，施药机便可以通过数字作业图来干活儿。果园里有田间气象站、5G 通信站，新的农机投入使用以后，可以节约 80% 到 90% 的人工，而且操作非常轻松。

从"会种田"到"慧种田"，亿万农民正在科技力量的帮助下，撒下一颗颗希望的种子，编织着今年秋收夏丰的动人美景。

▶ 开展创新场景试点，
数字湾区朝气蓬勃

　　2024年春节，港珠澳大桥创下了不少新纪录：珠海公路口岸单日出入境客流突破13万人次，次日达14.4万人次，连续两日破新高。此外，单日出入境车流首次超过1.8万辆次，刷新全国各口岸单日出入境车辆最高纪录。

　　这一新现象是由新政策带来的。2023年7月1日起，"港车北上"政策正式落地，获批的香港私家车可经港珠澳大桥口岸自由往来香港与广东。港珠澳大桥边检站数据显示，截至今年3月9日21时，经该站查验的出入境

2023年12月15日，港珠澳大桥旅游试运营正式开通，首批游客在港珠澳大桥珠海公路口岸合影

"港车北上"数量已突破 50 万辆次。今时今日的大湾区，随着人流、资金流与物流细密交织，两岸三地日益呈现出深度融合的新气象。

"港车北上"的硬联通背后，是规则机制、数据要素等"软联通"的持续发力。2023 年 11 月，广东印发实施《"数字湾区"建设三年行动方案》，标志着"数字湾区"建设进入了全面实施阶段。其建设目标，是将粤港澳大湾区打造成全球数字化最高水平的湾区，实施路径是"六通一融"——

推动粤港澳数据、人才、物流、资金畅通流动"要素通"；数字化新型基础设施"基座通"；市场主体投资兴业"商事通"；数字产业集聚发展"产业通"；社会数字化治理高效协同"治理通"；公共服务融合便利"生活通"；粤东粤西粤北加快"数字融湾"。

目前，在政务服务、民生服务等方面，大湾区已经初步取得了突破性成就。内地居民想要到港澳旅行时，只需要打开手机里的"湾事通"小程序，就能轻松购买跨境车票、办理境外手机流量套餐、预订酒店……这个在粤港澳三地同步上线的小程序，围绕着三地居民出行、通信、支付、医疗、吃住游等各种场景，提供了数百项便捷通畅的跨境服务。

早在 2023 年 6 月，深港就实现了"一码通行"，使用深圳通等 APP，就能乘坐两地所有的公交地铁；2024 年 3 月，广州宣布香港乘客使用港版支付宝的广州地铁乘车码，即可乘坐广州地铁、公交车、有轨电车、水上巴士以及佛山地铁。数字湾区，已经在"一张票"通行的道路上越走越远。

"在深港两地扫码乘车都很方便，从下沙到福田口岸，坐接驳巴士不拥挤，过关还可以直接扫码乘坐港铁，从深圳到香港也就一个半小时。"香港居民魏小姐深有体会。她喜欢在周末和家人来深圳转转，深圳口岸搭乘接驳巴士非常方便，从元朗出发到过关只需要 45 分钟，再乘坐巴士或者地铁就可以逛遍深圳。

现在的港人，生活半径早已扩展到整个大湾区。早上在香港上车，中午在广州吃饭，下午跟老友们逛街购物，已经成了年过八旬的香港居民李北润的生活日常。不少内地网友观察到了这一现象，纷纷在网上发帖分享："到香港旅游吃午餐，结果茶餐厅老板拍着我的肩膀，亲热地分享他早上出发深圳看病，中午就能回来店里看电视的经历。感觉彼此距离一下拉近了不少。"数据显示，2023年，约有5300万人次香港居民北上内地。

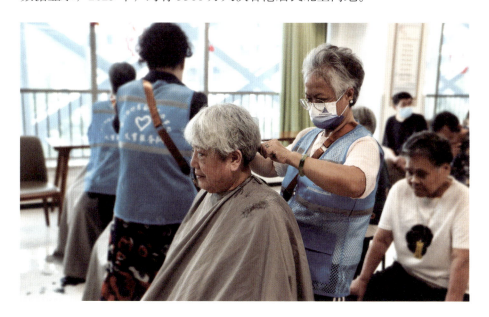

澳门老人梁爱花在珠海横琴的澳门街坊总会做义工

在大湾区，"一部手机畅行无阻""数据跑替代群众跑"的便利背后，还承载了国家的期许。粤港澳政务服务、公共服务一体化的背后，最关键的还是数据跨境流动。

2024年，"解决数据跨境流动问题"首次作为加大吸引外资力度的举措，被写入政府工作报告。数据跨越不同边际的充分流动，已经成为支撑国际贸易活动、促进跨国科技合作的重要驱动。尽管国家已经从顶层立法层面，对数据跨境传输明确了规章制度，但落实到实践工作中，仍存在规定不够细化、国际接轨不足、基础设施建设未完善等问题。

作为我国开放程度最高、经济活力最强的区域之一，具有"一国两制三法域"区位特色，也存在联通国际数据流动发展潜力的粤港澳大湾区，就成了探索数据跨境的"桥头堡"。在更多领域上，"数字湾区"还在先行先试，让数据实现更广泛的流通：

社保层面，"湾区社保通"打造网上平台实现服务事项"湾区通办"，已有超 30 万人次港澳居民参加广东社保；人才层面，已有 3200 多名港澳专业人才在内地执业，累计 3500 多人通过"一试多证"获三地技能证书；金融层面，"跨境理财通"已为粤港澳三地 4.36 万投资者办理跨境理财业务……

政府带头以外，越来越多的企业也在踊跃加入。"医疗数据需要互通，患者在内地、香港两地享受医疗服务的时候就不需要带病历了，会更方便。"大湾区医疗集团联席行政总裁李家聪秉持这一想法，让其集团下属企业申请了个人信息跨境流动标准合同备案。这是自 2023 年 12 月《粤港澳大湾区（内地、香港）个人信息跨境流动标准合同实施指引》发布后的首批企业。

部分广东公立医院也曾试水跨境医疗服务，但由于数据并不相连，送到医生手里的病历只有文字而无影像记录，医生只能依靠想象，七八成病人需要重新检查。在李家聪看来，医疗服务融合建立在"一人一病历"基础上，数据跨境流动可以避免患者进行二次诊断，让医疗服务变得更可预测，费用更可控，"比如患者在内地已做 CT 检查，数据流动到香港就不用再做，大幅减少就医成本。"

同样完成合同备案的企业，还涉及金融、交通出行、人力资源等行业。例如，广东德生科技股份有限公司正在筹备备案材料，以期为需要招聘内地人才的企业提供可靠的个人背景调查服务，让内地与香港人才信息得以流通。

这种探索和尝试，对于经济发展而言意义深远。腾讯产业互联网初步测算，粤港澳大湾区"9+2"城市群总数据存储量超 2500EB，约占全国的 21.5%。丰富的数据资源与应用场景相结合，还可以创造出更多的发展机会。

当"数字湾区"朝气蓬勃地探索区域融合，作为大湾区的重要一员，"未来城市"深圳更是不断开拓进取，让更多的创新应用场景在城市落地。2024年深圳市政府工作报告指出，当前的城市 AI+ 场景应用已达 41 个，深圳的

中国首部人工智能题材舞剧《深 AI 你》在国家大剧院上演

含"AI"量在持续稳步上升。

　　天上不仅能掉馅饼，还能掉炸鸡、奶茶、麻辣烫……这是在深圳真实上演的一幕。"快看！外卖从天上来了！"傍晚时间，深圳人才公园潮汐广场西南侧，低空飞翔的无人机吸引了大批游客的注意力。这些嗡嗡飞行的"外卖员"们井然有序，当一架无人机趴在美团的智能空投柜时，另一架会在十余米开外悬停，等前者上升到一定高度，才提速进行"投喂"。

　　另一边，深圳人才公园直线距离一公里外，这些无人机的"机场"处，无人机配送外卖员正忙着将周边商户刚刚制作好的新鲜外卖放入特制的包装盒，放置到无人机下。在后台系统的指挥下，从点完单到消费者拿到"空投"的新鲜饮料，只要 15 分钟。

　　数据显示，2024 年春节假期前 5 天，仅深圳人才公园的无人机配送订单量，较去年十一假期同期增长约 80%，炸鸡、汉堡等多种商品销量环比增长超过 5 倍，很多商家超八成的外卖订单由无人机配送完成，平均让消费

工作人员将外卖餐箱挂载到无人机上

者减少七成的等待时间。

这是美团在深圳设立的 25 条无人机送餐航线之一，也是深圳 AI+ 物流走入居民日常生活的缩影。美团数据显示，截至 2023 年 12 月底，美团无人机累计完成订单超 22 万单，成为深圳无人机飞行的重要组成部分。据深圳市交通运输局统计，2023 年，深圳新开通无人机航线 77 条，累计开通航线 156 条，完成载货无人机飞行量超 60 万架次。

2024 年全国两会，"低空经济"首次被写入政府工作报告。作为新质生产力的代表，低空经济被认为是培育发展新动力的新兴产业和未来产业。所谓低空经济，指的是以民用有人驾驶和无人驾驶航空器为主，以载人、载货及其他作业等多场景低空飞行活动为牵引，辐射带动相关领域融合发展的综合性经济形态。据粤港澳大湾区数字经济研究院发布的《低空经济发展白皮书》，到 2025 年，低空经济对中国国民经济的综合贡献值将达 3 万亿元至 5 万亿元。

2023 年，我国低空经济规模已超 5000 亿元，同年，深圳的低空经济产值为 960 亿元，即将突破千亿大关。在这座全国领跑的"低空经济第一城"，半空中的飞行航线日渐忙碌，应用场景五花八门：

四条城际"空中的士"航线的启用，为市民们提供了绝不堵车的新出行方式，原本需要约 40 分钟至 1 小时才能到达的 40 公里旅程，如今只用短短 10 分钟即可完成；游客乘坐电子飞行器游览山海，即可享受"海陆空"立体式观光旅行，感受空中礼佛、溪谷体验等别样玩法；"5G+ 无人机血液运输智能空港平台"的建立，让 11 条空中血液运输"生命航线"避开道路高峰期，为急需输血救治的患者提供最快捷血液保障。在罗湖区人民医院，手术医生临时止血术都还没有做完，救命的血液就送到了手术室……

在向天空要"GDP"这件事上，除了发展低空经济，深圳还在着力打造"垂直智慧宇宙"，借助数字技术的力量压缩占地空间，不断"向上生长"。

货车能够直接开进 3 楼，还能坐电梯"一键"上 17 楼；大楼主体不用钢筋水泥浇筑，而是直接从车间拉来构建和配件，像"搭积木"一样把房子建起，省钱又环保；上下楼就是"上下游"，一整条产业链都在一栋楼里，出门就能跟同行谈生意……这是在深圳坪山，全国首个全装配式智能建造的摩天工厂里出现的场景。

摩天写字楼很常见，但摩天工厂却不常见。作为全国面积最小、产业最密集、人口密度最高的超大型城市，深圳的地均 GDP（每平方公里土地创造的 GDP）位居全国第一。为了突破土地的限制，继续提高地均 GDP，寸土寸金的深圳提出"工业上楼计划"，"向大空要空间"，并按照每年建设不少于 2000 万平方米，连续实施 5 年的进度，向企业提供高品质、低成本、定制化的厂房空间。

将传统扁平的厂房汇聚到垂直的高栋楼层，是一种新兴产业空间模式，通常提供给高附加值的智能装备、智能制造等产业。为了更好地实现垂直物流立体式开发，深圳各地将数字技术与工程相结合，打开了破题的思路：新东桥先进制造业产业园计划使用智能搬运机器人、智能电梯系统，提升货梯运营效率；中建八局深圳公司与罗湖区住建局推出"工业上楼"专项技术包，

"堆叠式空中工厂"可实现 30 米以上跨度；新桥东先进制造产业园创建配备智慧物流平台、多首层等新模式，充分利用物联网、人工智能等技术，实现全面感知、智能调度，达到预约、监测、管理和实时调度有机协同，形成智能化物流运营管理系统……

垂直工厂以外，深圳的智慧立体车库也开始遍地开花。"房子太密集了，停车不仅要见缝插针，还经常找不到车位，停到附近的商场又要支付高昂的停车费，这个车库可是解决了我们的燃眉之急。"福田石附近一位出租车司机周师傅对石厦智能立体车库赞不绝口。这个车库采用"无人化"运营，完全依靠有轨制导车辆机器人完成自动泊车，车主只要通过手机扫码、人脸识别、指纹识别等方式输入存取车信息，机器人就能在物联网大脑的指导下，"驮着"车辆完成存取车操作。目前，这个占地 200 多平方米、高 10 层的车库，可提供 90 个停车位，存取车速度最快仅需 60 秒，车位周转率高达 300%。

这些"科幻场景"频繁上演的背后，深圳还在不断推进全市新型信息基础设施建设，安心筑牢数字化应用的底座。2024 年 3 月 14 日，《深圳市极速宽带先锋城市 2024 年行动计划》印发，继 2023 年提出打造国内第一、世界领先的极速先锋城市目标后，计划又表示要在 2024 年底打造世界先进、模式创新的极速宽带先锋城市。数据显示，2023 年，深圳累计建成 5G 基站7.5 万个，5G 基站密度、用户和流量占比均在全国主要城市中排名第一。

这座"未来城市"一手筑牢数字化的底座，一手推动企业共创数字化应用场景，在建市 45 周年之际，展示了"先行示范区"应有的理想面貌。

延伸
阅读

AI 加码城市建设，深圳进化"城市智能体"

"扫大街都有机器人干了！"在深圳街头，几台名叫"小洁"的人工智能环卫机器人吸引了路人的注意。

这些随处可见的彩色"小车"，会在指定区域来回行动，将路上的落叶、纸巾等收集进"尘桶"，圆弧路和 S 形路也能贴边清扫。在它的前后和身侧都有感应装置，行人以正常的走路速度朝它迎面走去时，它会慢慢避开；行人突然出现在它面前时，会紧急停下。

事实上，人工智能已深度融入了深圳人日常工作生活的方方面面。据相关报告，深圳目前公布的"城市 +AI"应用场景清单已达 41 个，今年还将新增人工智能全域全时场景应用 10 个。从繁忙的地铁站到宁静的图书馆，从绿意盎然的公园到车水马龙的街道，无处不在的 AI 技术让深圳变得更加高效、便捷和智能化。

通过智能客服中心自助完成信息查询、智能支付；AI 数字客服提供音视频交互服务；在无人值守的智慧车站实现智慧安检"无感过闸"……深圳地铁的 AI 服务应用为乘客提供了更全面、更便捷的出行体验。

在数字员工的帮助下，乘客还可以自行处理票卡业务、查询站内导航及公交接驳信息、办理生物识别注册业务、咨询地铁出行的常见问题等，能够满足不同场景的多元化服务需求。

在站台候车，贴心的车厢拥挤度智能显示系统还会在客流高峰时段，直观地展示地铁车厢的客流情况，车厢拥挤程度一目了然，让每一位乘客都心中有数，再也不用"开盲盒"了。

深圳图书北馆拥有目前全国最庞大的地下无人智能立体书库，以及最先进的图书自动分拣系统。这个立体书库，犹如一台高效精密的物流自动分拣系统，专业而迅速地完成图书的分类与运送。每当有读者在地面提交借阅请求，地下的自动堆垛机便会在钢架之间灵活穿梭。只需短短几分钟，便能精准地找到并取出指定书籍，完成运输。

隐于北馆地下的，还有图书分拣系统和垂直调阅等智能系统。系统能够根据订单自动从立体书库中调取书箱至工作站，经工作人员处理后装入轨道小车，通过垂直轨道自动送至指定楼层，最终到达读者手中。

乘坐完地铁与数字员工打交道，在立体书库感受智能分拣系统，还可以来到智慧的笔架山体育公园，感受一下"智能健身"的快乐。

比如，在笔架山智慧步道，扫扫脸就能查看个人运动数据，还能参与运动榜单排行。智慧打卡步道采用智慧化的科技手段，将市民在指定线路上运动前、中、后三个阶段的数据串联起来，无须佩戴任何设备，经过"识别杆"人脸识别即可轻松查看运动数据、健康指导等信息。

公园内各处还分布了许多块互动屏，包括 AR 太极互动，以娱乐的方式传承与学习太极文化，大大提高互动性；还有切果达人、打病毒、消垃圾等小游戏，深受小朋友的喜爱。

在深圳这座现代化都市，AI 技术已被应用到越来越多的场景中，无论是商业、交通、医疗还是教育，都在被 AI 技术所覆盖。AI 技术的广泛运用与日新月异的发展改变着人们的生活方式和城市的运行管理，不仅提升了深圳人的生活质量，也为城市的发展规划注入新的活力。

年度热词

数字湾区：粤港澳大湾区的未来发展目标，指将数据要素嵌入社会发展各方面，建立一体化的数字商业、数字产业、数字基础设施、数字社会、数字政府和数字科创体系等，为数字化创新发展提供新动源

数字跨境：是指任何转移数据到其他司法管辖区或是转移到其他司法管辖区之后意图再转移的行为，目前数据跨境的形式可分为跨境传输和跨境访问两类。经济全球化的发展趋势下，客服、物流、云存储、数据分析等常见跨境贸易活动会频繁生成和传输相关业务数据

摩天工厂：指在高层建筑中进行企业生产、办公、研发、设计等活动，这种新型工业楼宇模式能够将传统扁平式的厂房转化为垂直化的空间形态，从而提高工业用地的空间利用率和土地的容积率。摩天工厂不仅提升了工业生产的效率，还促进了产业的转型升级，强化了产业链的协作，是先进制造业发展的重要举措

立体停车场：立体停车是指利用空间资源，把车辆进行立体停放，节约土地并最大化利用的新型停车。立体停车场最大的优势就在于其能够充分利用城市空间，被称为城市空间的"节能者"

空中出租车：一种形象的说法，"空中出租车"的主要形态主要是 eVTOL（电动垂直起降飞行器），是一种新型出行方式

智能防灾：智能防灾是指利用物联网、大数据、人工智能等技术手段来提升防灾工作的效率和精确性，以预防和减轻灾害的发生和影响的一种应用

 公益篇

更轻更近更无形，
中国公益乘"数"而行

科技创新时常跃迁，而商业发展更是日新月异，唯有人性亘古不变。亚当·斯密曾在《道德情操论》中指出，人的天赋中存在着关心他人命运以及与他人分享幸福的本性。而公益事业正是从人心之善长出的瑰丽事业。

当互联网与公益迎头碰撞，就会诞生出轰轰烈烈的数字公益浪潮，撬动着无数爱心，在谈笑间顺着看不见的信号跨越时间与空间的阻碍，抵达需求所在，人们所急。

过去十余年如此，2023年也不例外。

《中国慈善事业2023年十大进展与2024年五大趋势》报告指出，2023年互联网公益慈善的"中国样本"正在形成，在社会动员方面，我国互联网公益依托巨大的人口基数和优良的互联网基础设施，筹款额从2014年的4.36亿元增长到了近些年的百亿元规模，参与人次也从原先的1.18亿人次增长到百亿人次。

在越发壮大的公益事业中，我们发现过去一年里，人们所熟知的公益还在不断进化，并呈现几大动向：

在形式上更轻：中国公益在互联网平台的带动下，已经与"沉重"无缘，反而是持续"减重"，并以一种有趣且轻盈的姿态深度嵌入每一个数字时代用户的行为中：点外卖、支付账单、走路、玩游戏……几乎每个举措都可以助力公益。

在距离上更近：随着数字技术的发展，当投向远方的爱越来越可见可感，人们会发现，"家门口的温暖"也开始遍地开花。2023 年 10 月，《中华人民共和国慈善法（修正草案）》特别规定，国家鼓励发展社区慈善事业。这个新名词一经冒出，各地纷纷响应，上海、深圳、成都等越来越多城市都在设立慈善基金，举办"社区公益微创投"等活动，打通公益的"最后一公里"，源源不断提供再生力量。

在助益上更无形：以往公益的载体都是物资、金钱，有时候是沉甸甸的时间，但是在数字平权时代，当直播、短视频越发流行，这种载体就变成了"无形"的知识。越来越多的人涌进直播间，吮吸其以前从未有机会触碰到的新知和学习资源：文盲老人学习拼音与认字，沉默的小镇、农村人口，在短视频平台学习大城市的生活常识，了解地铁车票与医院挂号……短视频和直播让知识跨越了物理的距离，让知识属于所有人。

在源头上更深入：当社会的公益资金开始深入到源头创新领域，赋能科技改变世界，让环保变得更加轻松，让"吃饱"变得毫不费力，让制造变得更加"聪明"……向善社会，也便在不知不觉间建立起来。

公益嵌入日常生活，
轻量化善举聚沙成塔

"秋天的第一杯奶茶"像一阵经久不衰的风，连续几年都在互联网刮起了跟好友互赠奶茶的风潮，越来越多消费者都开始把喝奶茶当成迎接季节变化的新仪式。

美团外卖数据显示，2023年共有 15 万家奶茶门店参与到立秋奶茶狂欢节，当日累计卖出超 4000 万杯，继去年立秋后参与商家数和订单量再创历史峰值。但就是这么一个"潮流"，却能让千里之外的乡村幼儿园建起一个个平整的操场，换来孩子们衷心的笑颜。

"还是要有点仪式感，我给三个好友都点上了蜜雪冰城，他们都很开心，"广州市民林帅赶在 8 月 8 日的立秋凑了波热闹，在美团"立秋狂欢节活动"领了券，"后边才知道，原来在美团上买奶茶，居然也是在做公益！"

林帅口中的"买奶茶也是在做公益",指的是蜜雪冰城在加入美团乡村儿童操场公益计划后,会从每笔订单中抽出一定的爱心捐款,投入到乡村儿童操场的建设中。这些捐款并非传统意义上的公益大手笔,每笔订单从几分钱到几毛钱不等,但是聚沙成塔、集腋成裘,也能化作实实在在的东西,造福一地儿童。数据显示,截止到"秋天第一杯奶茶"的过去一年,已有蜜雪冰城10076个门店参与美团"乡村儿童操场"公益计划,捐建了19座乡村儿童操场。

蜜雪冰城之外,喜茶、茶百道、阿水大杯茶等奶茶品牌都参与了美团乡村儿童操场公益计划,截止到"秋天第一杯奶茶"的过去一年里,共有2.48万家奶茶门店加入进来,产生了超过1.5亿笔爱心订单,累计捐赠近12万块拼接地板,已分别铺设在了202座乡村儿童操场上。

随着越来越多茶饮商家加入这场低门槛的公益捐赠,"喝奶茶就是在做公益"已经成为一种全新的公益形式,在消费者之间流行起来,变得越发可持续。对于他们而言,每为生活"加点甜",就会有一笔善款进入公益计划,助力乡村儿童的奔跑,这是一笔再划算不过的消费。

在贵州省六盘水市钟山区南开乡中心幼儿园,"小心受伤"这种叮嘱,已经越来越少出现在老师们的嘴里了。在过去,老师们由于害怕孩子受伤,很少组织跑、跳、爬、滚类的户外活动,只做一些活动幅度小的徒手操、球类和绳类运动。2023年儿童节前夕,全体老师们熬夜铺好了整个操场,用柔软结实的拼接地板替代了原本坚硬粗糙的水泥地,作为孩子们的六一儿童节礼物。新操场建成后,幼儿园在新场地办起了游园会和美食节,孩子们都撒着欢跑,再也不用担心一不小心就擦伤了,过了个快快乐乐的六一。

不仅是乡村儿童从中受益,就连教师都感到轻松不少。调研显示,超90%的教师表示,多功能操场建成后,其户外活动课程设计能力和组织能力得到提升、教学反思增多,开展的户外活动更符合幼儿发展需要。"将游戏的权利还给孩子,这对孩子们科学、健康的发展挺有帮助。"宁夏石嘴山一位幼儿园保教主任看着嬉笑着玩"跳房子"的孩子们,发出了这样的感慨。

石嘴山市平罗县，孩子们在铺设后的新操场上快乐地游戏

不只喝奶茶，住酒店、买鲜花、点外卖等都会产生公益订单，截至2024年7月，美团已经联手101.7万家公益商家，在全国建成1920座乡村儿童操场，让27.8万名乡村儿童受益。

2023年发布的《互联网公益慈善"中国样本"：迈向高质量发展的中国公益慈善发展新模式》报告指出，互联网公益慈善生态的进一步完善，公益发展变得"人人触手可及"。一方面，互联网公益慈善将提供更轻量、更多样的公益形式，人们日常生活场景与公益慈善的融合更趋完善，公益慈善逐渐成为一种流行的生活方式。另一方面，线上公益慈善的发展也将推动线上线下公益慈善项目的深度融合。回望过去一年，像美团这样用数字技术链接爱心商家与消费者，共建低门槛、可持续公益生态系统的互联网平台，还有很多——

饿了么推出了爱心商家，实现了消费者点外卖就能给乡村儿童"加餐"。其2023年度公益账单显示，平台爱心商家数量近20万家，累计为公益项目捐赠的款项超过1000万元。其中，通过中国乡村发展基金会的"爱加餐"公益项目，为84所乡村学校捐赠了现代化标准的"爱心厨房"；

京东则喊出了"订单公益"的口号，让更多的人在使用白条消费后积累"公益能量"，换取公益物资，实现金融向善。截至 2024 年 3 月，"订单公益"在线 8 个公益项目，涉及动物救助、女性公益、乡村振兴、儿童教育等领域、整体参与率超 95%；涉及捐赠物资超 500 万元，参与人数超 2000 万。

随手下单一个运动哑铃，就有 7 分钱流向公益项目，支撑"大山里的篮球梦"；买一双洞洞鞋，"丝路儿童关爱计划"就新增 2 分钱的"底气"；收到一个地毯，又有 1 角汇入"新未来高中生助学计划"……北京消费者王修远满意地在阿里巴巴公益平台上翻阅自己的购买列表，自从淘宝上线"公益宝贝"后，她逐渐爱上了这种顺手做好事的消费行为。2023 年《中国公益消费报告》显示，84.63% 的受访者在过去一年中参与过 1 次及以上公益消费活动，他们能够从中感受到价值感、满足感和愉悦感。

现在的淘宝页面，越来越多商品成为了"公益宝贝"，商家会自行设定定向公益捐赠，等商品成交后，平台按照商家设置的捐赠金额给到其指定的公益组织、项目。2023 年，有近 5 亿用户通过阿里平台参与公益，有 200 多万的商家将 1.7 亿多件商品设置成公益宝贝，经由 100 多个公益机构的优质项目，这些善款变成了儿童支持、妇女救助、老人服务和社区发展、环保、生

态、特色动植物保护等多个领域的公益行动，累计受益人次超过 1000 万。

2023 年"双 11"期间，淘宝还将"顺手买一件"升级为"顺手买益件"，将流量导向更多公益宝贝、助农产品和残疾人店铺的商品。这一改变，使商家在没有额外费用投入的情况下，能带来新增交易，对于消费者而言，顺手下单，传递善意也变得更为容易。

这些互联网平台及与其合作的品牌商家们，共同让公益捐赠融入了人们的生活方式，购物、点外卖……每一笔消费都带着怡人的温度，不仅仅温暖了受助者，更让捐赠人也尝到做公益的乐趣，共同营造了随手行善的社会氛围。

北京大学国家发展研究院公布的《中国公众捐赠调研》报告显示，高达 80.9% 的受访公众表示曾参与过捐赠，而在捐赠行为发生后，一半以上的捐赠人都会关注捐赠效果、分享与捐赠相关的信息，并普遍感觉世界充满希望、生活很有意义。

不仅是消费能支持公益事业，就连不花钱的"公益行为"都能够进行捐赠。当互联网平台触达越来越多的"合作伙伴"，"指尖公益"的玩法也会更加多元，为人们提供更有趣的公益体验。

跑步可以是公益——2023 年 12 月，美团与东方明珠合作，为四川省达州市万源市固军镇白羊学校附属幼儿园捐建了一座乡村儿童操场。这个操场是由参观东方明珠的游客"跑"出来的，游客们只要参与"跑出一块好评"公益挑战，就能助力一个拼接地板，通过现场大屏，亲眼实时见证一个可供孩子玩耍的操场，是如何一块块拼起来的；

光盘行动可以是公益——2023 年 9 月，微信支付在全国 5000 所高校与中职院校落地校园"光盘"爱心餐活动，学生在饭堂使用微信支付后，在校园"光盘"爱心餐小程序入口上传光盘照片后，即可获得公益金，为环卫工人提供爱心餐；

走路、画画、住酒店都可以是公益——腾讯公益"益企种花"联合 100 家品牌企业，让"小红花"开满各种业务生态，触达无数顾客投身公益。在李宁门店，顾客参与"传递爱的火炬"捐步活动，每天走 2022 步，就能为一位乡村的困境妈妈送出温暖；同程旅行推出的购票"画一笔、捐一笔"活动，用户每通过活动页面创作一幅画作，就能为"艺术改变乡村"公益项目争取到 1 元公益金的支持；5000 家锦江酒店推出了"小红花低碳房"，不主动提供一次性洗漱品、不主动提供塑料材料备品、连住期间床品巾类免更换等……当 100 个品牌的善意汇聚到一起，也便能为互联网公益注入活水，群策群力，解决更多"难而有价值"的社会问题。

"数字公益将使中国公益慈善事业具有更为广阔的发展前景。"民政部社会福利和慈善事业促进司原司长王振耀表示。数据也支持这一说法，过去一年里，参与支付宝线上公益超过 100 天的用户接近 1 亿人次，微公益平台有 600 多个机构账号、4000 万微博网友参与捐助；1372 家公益机构入驻抖音公益平台，上线超 2600 个公益项目……

中国公益在互联网带动下，已经逐渐褪去沉重的外壳，正通过有趣且轻松的方式让公益变成一种流行。

延伸阅读

新趋势：玩着手游也能做公益

如何在信息的洪流里脱颖而出，吸引更多的人投身公益之河，一直都是公益的重要命题。

近年来，随着互联网公益越发成熟，游戏产业也因其可交互、高仿真、强沉浸、精渲染等技术特性逐渐成为公益载体。"游戏公益"越来越成为一种新的现象，在各大游戏中裂变和演化。

中国音像与数字出版协会《2023 年中国游戏产业报告》显示，中国游戏用户规模为 6.68 亿人，达到历史新高点，相当于"一半的中国人都在玩游戏"。如果能调动起海量游戏玩家的公益热情，势必能激起公益涟漪。

在国外，英国一项调研统计显示，58%的受访公益机构过去一年中使用了游戏、VR、AR等方式，鼓励公众参与公益；在国内，各大游戏厂商都不约而同投身社会公益，以各种方式激发玩家的公益热情。

米哈游旗下游戏《原神》与支付宝联合推出绿色出行主题活动，2023年7月，原神玩家实现的碳减排的目标已累计达到20000吨，相当于种下100万棵梭梭树。玩家们产生的绿色里程，都可以用来兑换互动皮肤、原石等奖励。为回馈玩家们通过《原神》实现的公益行为，《原神》还通过游戏内邮件全服发放公益里程大奖——装备背囊"若荒漠化为林野"，在这个背囊中传递着将绿色种子撒满荒漠的愿望；

网易的《梦幻西游》对非遗文化宣传不遗余力地进行宣传，让更多的玩家在游戏内外体会到皮影戏、榫卯建筑、活字印刷术、昆曲等非遗文化的魅力；《蛋仔派对》在游戏内针对全体玩家发起公益主题地图游玩活动，玩家游玩公益地图的同时获得公益币，公益币将用于助力100W公益基金池，共同投入于《蛋仔派对》的公益捐赠项目；《第五人格》关注视障儿童，推出了公益游戏时装"盲女—点亮星星的女孩"，让玩家一起感知她的内心世界，而该道具国服销售所得利润将全部捐赠与中国残疾人福利基金会，用于支持视障儿童相关的公益项目。

2023年"99公益日"，腾讯游戏更是专门以"Play for Good玩游戏做公益"为主题，集结旗下《王者荣耀》《和平精英》《火影忍者》《天涯明月刀》等超过20款游戏产品及相关业务，带动上亿玩家做公益、献爱心——

国风田园模拟经营手游《桃源深处有人家》联合腾讯基金会发起"我的午餐，分你一半"公益活动。游戏中，玩家只需线上制作和捐赠蛋炒饭和鱼香肉丝，这些爱心会由专业公益组织在湖南常德市桃源县和甘肃武威市凉州区落地执行，变成真实的食物，支持不少于 520 名乡村困境儿童一学期的营养餐；

在《王者荣耀》中，玩家通过参与守护长江之灵活动解锁巡护任务，在体验巡护员工作的同时，也助力 2.5 万名长江巡护员实现梦想。最终玩家累积领取"小红花"超 2 亿朵，累积领取公益勋章超 6000 万枚，提前解锁公益梦想；

在《和平精英》中，绿洲世界上线了大熊猫秘境玩法，玩家可前往秘境区域体验巡护员日常工作并学习保护大熊猫公益知识，助力野生大熊猫及其栖息地的守护；

第三方研究机构伽马数据《2023 中国游戏企业社会责任报告》显示，2023 年中国游戏产业社会责任指数达 14.1，连续 5 年增长。其中，社会公益方面，企业布局数量增长，企业履责方式、深度均有提高。

从环保低碳、弘扬非遗文化、关爱乡村儿童、守护野生动物……花样百出的游戏让公众参与公益的方式变得越发多元，让"玩游戏也能做公益"成为新趋势。

社区慈善擦亮幸福底色，数字科技畅通知识传播

"这个花真好看，多少钱?""给我拿一把草扇，一盒牙膏。"一场特殊的义卖活动在四川德阳市旌阳区孝感街道金牛社区综合体——"吾桐里"举行。"义卖活动所筹得的善款将全部汇入到社区慈善基金池，用于支持社区慈善'微'项目，帮助身边更多需要帮助的人。"四川德阳市金牛社区党委书记李军解释道。

除了举办义卖活动，金牛社区还建立了 6 个"常态化慈善捐赠站点"，打造了慈善停车场、居民互助互换超市、慈善志愿服务积分兑换 APP 等慈善项目，为社区慈善基金注入不竭的活力，在社区与居民、居民与居民之间搭平台、架桥梁，实现社区与居民之间的"双向奔赴"。

而这些社区慈善基金，将会用在社区公益项目上，比如实施入户探访、进行老年人身体状况评估等，除了帮助社区的困境群众，更打造了慈善友邻文化圈，让社区更加和谐。

以上这一幕，是社区慈善走入居民生活的真实案例。当投向远方的爱与关怀变得越发常见，"慈善的最后一公里"也开始步步打通。2023 年 12 月，《中华人民共和国慈善法》完成首次修改，其中首次增加"发展社区慈善"，还特别指出，"支持有条件的地方设立社区慈善组织、加强社区志愿者队伍建设；鼓励社区与社会组织、社会工作者、社区志愿者、社会慈善资源建立联动机制开展慈善活动。"随后，各地纷纷响应，上海、深圳、成都等城市都开始设立社区慈善基金，摸索独特的发展模式。

上述四川德阳市金牛社区的探索，就是最常见的一种，活用社会资本，

鼓励各类社会主体，包括社区成员共同参与，实现"共创式"慈善。而广州黄埔区的洋城慈善基金，则走向了社企反哺社区的"造血式"慈善，立足长洲街与文冲街，创造性地拓展出了洋城特惠店、文慧家政等模式，让社区慈善基金的筹资渠道长期稳定。

"在这里积累了工作经验，如果之后有机会，我也想去外面闯一闯。"有着肢体残疾的小杨是广州市黄埔区文冲街道瑞东社区杂货店——"洋城特惠店"的店员。在社工的就业辅导以及社区慈善基金的支持下，她对工作已经得心应手，每个月能领取 2100 元补贴，不必离开家就能养活自己。

在长洲街与文冲街，还有很多类似的困难街坊，他们或许身体抱恙，或许学历较低，或许年龄限制，难以就业，但都在小店里感受到了"重启人生"的希望。

年逾三十，半身瘫痪的晓月在劳作中重新燃起了生活的信心，生活越发过得有盼头——除了每周一、三、五半天在洋城特惠店值班以及做手工艺品，还钻研起了裁缝。曾在家待业且离异的她，一度靠残障补贴度日，但依托洋城特惠店，她实现了华丽转身，在街坊中名声大起，每月至少获取 1500 元收入。还有双腿残疾的街坊在晓月的介绍下加入编织工作，又在街坊邻里支持下在市场要了一个小摊位卖鸡蛋谋生，在这个过程中，社工、街坊纷纷互相帮衬。这种社区慈善的形式，让背景不同，但同样境遇的人们感受到希望

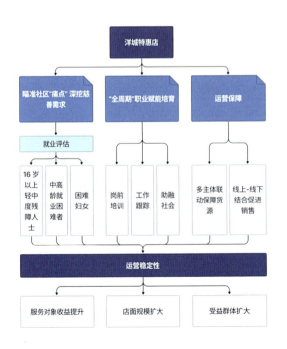

图片来源：《广州市慈善会社区慈善基金发展调研报告》

与包容，激发了社区互助发展的内生动力。

这种"造血式"慈善，不仅实现了对社区残障人士、困难妇女等困难群体的"全周期"帮扶，让他们更好地融入社会，而且将剔除运营成本后的固定比例利润捐入社区慈善基金，还能解决社区慈善基金长效募捐问题，让类似的"造血式"小店在更多地方落地开花。毕竟，这些店铺的最初启动，就是依靠社区慈善基金的帮助。

数据显示，截至 2023 年 9 月，广州全市（镇）街 100%设立社区慈善（志愿服务）工作站；培育发展社区社会组织 2.2 万家，撬动公益创投资金超 4500 万元；成立社区慈善基金 930 个，筹募善款超 7400 万元；创建社区慈善空间 1072 个，开展社区微项目 4222 个。广州的探索，用社区慈善"微基金"，撬动了基层"大治理"。

此外，数字技术也在源源不断为社区慈善注入更多的动能，让慈善变得"灵活聪明"起来。

"从来没想过，我做的这些公益，还能换成食品和生活用品！"石阿姨做了十几年的志愿，从来没有想过要从中获得回报，她将这理解为"赠人玫瑰手有余香"，"我要把这卷挂面送给我结对的孤寡老人，让她也高兴一下。"

在上海新华路，有这么一家"社区公益银行"，街坊们可以在"善城"公众号的慈善超市，用"公益豆"兑换丰富货品，或者是其他志愿者提供的志愿服务。而这种公益豆，是根据社区需求，对捐赠、无偿献血、防疫志愿服务、时间银行、长者活力值等公益行为进行"浮动标价"得出的，如此一来，就能引导社区公益能量有序增长，助力社区精细化治理。

而银行"取款"也并未全然为了自己，在这个"社区公益银行"，会员们可以派发闲置的公益豆，帮助特殊人群优先获得社区福利，达成"人人为我，我为人人"的和谐社区氛围。

"社区慈善立足社区、动员社会、服务社区，具有熟人社会、信息对称的先天优势，是应当厚植的中国特色慈善事业根基。"中国社会保障学会会长郑功成指出，社区慈善是中国慈善事业发展的重要方向。要让公益慈善走进寻常百姓家，只有将触角下沉到最基层的街道、乡镇和城乡社区以及最有需要的地方，公益慈善才会被深度看见，被公众更深入地感知，创造出触手可及的"家门口的温暖"。

除了在社区内部形成"万类不遗"的美好愿景，数字平权时代，公益慈善的触角还在变得更加细密，在不少社会力量的帮助下，其搭建成桥，填平了大量看不见的"鸿沟"，畅通了知识传播的途径。

美团乡村儿童操场公益计划，做到了让山区的孩子也能像城里娃一样开心奔跑，在玩耍中打开对世界的认知。

这些儿童操场，也并非人们常见的红色橡胶跑道操场，而是考虑到乡村儿童成长的需求，设计了丰富的功能区，分为迷宫区、交通安全教育区、跳房子区……既可以培养孩子们安全意识、环保意识等，又能满足各式玩耍和发展需求。

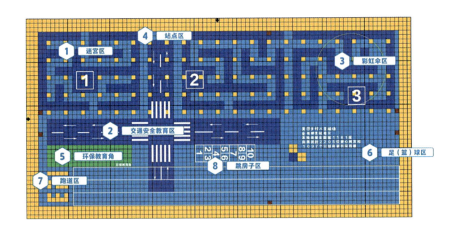

一个完整的公益项目，除了"硬件"到位以外，"软件"也得跟上。美团乡村儿童操场的合作伙伴壹基金还会对乡村老师们进行培训，让他们更好地利用操场，就地取材开展游戏与体育教学，让老师们在读懂儿童的基础上实现有效的支持。

北京师范大学行为健康研究中心屈智勇教授团队于 2022 年 11 月至

2023 年 4 月期间，对美团乡村儿童操场公益计划执行情况开展了第三方成效评估。评估发现，该项目促进了幼儿身心健康发展，保障了幼儿参与多元化户外活动的安全性和可及性，激发了幼儿参与户外活动的积极性，进而促进其运动发展。

"跟上时代发展的步伐，孩子们才有机会拥抱更广阔的明天"，在云南一个边陲小县，当地编程老师龚正富看着孩子们，发出了这样的感慨。

让山区孩子也逐梦智能时代，拥抱人工智能，这是腾讯携手云南省临沧市沧源县的尝试。在这个面积 99% 都是山区的小县城，全县 11 所中学、13 所中心校全部开设了由腾讯扣叮提供的编程课程，平均每年覆盖超过 5000 名中小学生，连续 4 年在当地举办青少年人工智能追梦营公益活动。

当地的老师和家长都发现，学过编程的学生，无论是学习的专注力，还是逻辑思维能力，都有了很大的提升。"这是我设计的赛车，将编程程序导入赛车的主控系统后，可以实现红外遥控，转向避障等功能。"曾经的"问题学生"陆天濠聊起自己的设计，自信又开朗，他的创造性在编程课上展露无遗。在沧源，越来越多的学生通过学习编程，弥补了和内地的同龄人在信息科技素养上的差距。

如果说，线上的编程课程让山区孩子的信息科技素养得以进步，是从 1 到 100 的跟进，那么在直播间"牙牙学语"的几千万文盲，则是实现了从 0 到 1 的跨越式进步。

"现在开始上课啦！今天我们来学习 24 个韵母……"晚上 8 点，金霞照例在直播间开讲。同一时间，2000 公里外的广东省英德市，50 多岁的黄土娇翻开了笔记本，跟着金霞的讲课节奏一笔一画写下 b、p、m、f。

第七次全国人口普查数据显示，我国文盲率为 2.67%，文盲人口为 3775 万人。在九年义务教育还没普及的时光里，很多老人与识字的机会失之交臂。但随着直播的推广，越来越多的人涌进直播间，吮吸其以前从未有机会触碰到的新知和学习资源，重新学起拼音。

在抖音搜索"成人识字直播"，会出现上百个直播间，粉丝从一万到几十万不等，话题的播放量最高竟达 15.8 亿次。声母韵母之外，还有常见的成语故事、九九乘法表、简单的记账算账，甚至是如何用手机打字、编辑短信……越来越多的识字直播间，为有需要的成年人开启了一扇新的大门。

"直播教十万成人识字，很有意义的直播啊！""这也太温馨了，我要把我奶奶拉过来一起学习""看哭了，刷个礼物支持一下，希望爷爷奶奶们都能顺利'毕业'！"……网友们在评论区为这些奋发向上的老人们纷纷点赞。通过识字，这些人不用再成为信息社会的"局外人"，通过巴掌大的屏幕，他们找到了自己的"诗和远方"。

除了习字，知识空白也常常困扰着小镇、农村民众，如今，他们也可以在直播间学习大城市的生活常识。2023 年，博主"打工仔小张"凭借发表一系列生活经验科普视频走红，涨粉百万。其中包括如何坐高铁、如何坐公交车、如何坐地铁、麦当劳如何点餐等。

面对"这也要科普"的质疑，小张表示，"并不是每个人一出生就生活在城市里，从小就有机会坐高铁和飞机。这个世界上还有很多人从来没有坐过这些，并且因为不知道这些知识而羞愧和自卑。"其中一个视频下，点赞最高的评论是，"非常谢谢你，没出过县的人真的很需要这种科普视频！"

此外，数据显示，国内高校在抖音累计直播场次超过 1 万场，以往没有机会接触优质教育资源的年轻人也开始在直播间学习高等教育课程。

2024 年 1 月，清华大学新闻与传播学院智媒研究中心发布的《学无界，共此间——短视频直播与知识学习报告》显示，89.85% 的受访人群曾使用过短视频直播平台获取知识，说明短视频直播平台已成为知识传播与获取的主要渠道之一。

互联网拉平了世界，让只要想学习的人，都能找到资源；只要有网络，就能随时开始。

延伸
阅读

数字技术创造"无障碍"环境

"您好，我是听障骑士，已接到您的订单，稍后送到，请留意手机谢谢。"越来越多的消费者开始从美团外卖平台上收到这样的消息。外卖平台等新业态的发展，在给顾客带来便利的同时，也给许多听障人士带来了就业机会。

"健听人做到的，我们听障人士也能做到。"在南京，听障外卖小哥徐三毛加入了"无声骑士团"，靠着送外卖，三年攒下 15 万元，完成了自己开烤苕皮店创业的梦想。这位南京"单王"，不仅仅自己做出了一番成就，还收了 40 多位听障徒弟。这些人有的去了北京，有的去了深圳，分布全国各地，但是相同的是，他们每天都能跑个 100 多单。

努力为骑手们扫清障碍的，是美团的听障骑手关怀功能——听障骑手可以在客户端上传证件进行认证，认证通过后就能使用板块内的送餐关怀功能，包含取餐送餐电子便捷沟通卡、问路电子卡、技巧学习等板块，目前，已有 3000 余名"听障骑手"获得验证。

而有了这些标识，顾客们在后台看到听障骑手们的信息时，也多了几分包容，"因为语言系统跟我们不太一样，所以消息的语序、语气看起来好像会有点奇怪，但是他们真的是一群很努力活着的人！希望大家收到他们的外卖，多几分耐心。"有网友自发在网上科普。

除了"无障碍送餐"，美团在"无障碍经营"上费了不少功夫。此前，上海"熊爪咖啡"，主要接纳残障人士就业，但有很多困惑——听障咖啡师莹莹无法"听"到点单机来新单的声音，只能盯紧屏幕，但在洗杯或门店较忙时难免漏单，这让她有些焦虑。美团获悉后，很快开发了用振动来代替听见的手环，取名"莹莹手环"。

通过蓝牙技术，点单收银系统可以将点餐接单的情况发送到手环上，并用振动频次翻译给使用者"听"——比如振动一次代表"您有新的订单"，但如果是持续振动则表明"订单取消或者顾客申请退款，需要人工介入处理。"熊爪咖啡创始人天天表示，"有了这个手环，会鼓励更多店铺接受听障人士，增加对其就业的信心。"

国家统计局数据显示，截至 2023 年，我国残疾人总人数 8591.4 万，占总人口的 6.34%，其中有超过 1700 万名视力障碍人士，2000 多万名听障群体，他们受制于视觉、听觉感官的障碍，难以找到就业机会，在生活日常中也难免遇到诸多不便。

针对这一点，美团又发明了助力盲人咖啡师的接单神器，以听见来代替看见，命名为"天佑之眼"。

帮助残障人士扫清生活、就业障碍，不少互联网平台与科技公司都在想尽办法，不断推动数字技术解决实际问题——

支付宝推出"无障碍服务在线"，汇集导航、打车、公交出行、办事交流等日常场景，还为视障人群研发"挥一挥"手势验证；华为推出 AI 字幕，帮助听障人士看直播打电话都能无碍沟通；尽管不是残障人士，但是作为小众群体，左撇子们的需求也被互联网平台看见了，2023 年，淘宝 618 首次设立左撇子公益会场，提供大量惯用手为左手消费者定制的产品……

除此之外，还有"电子导盲犬""无障碍导航""智能仿生手"等等黑科技的大量涌现……一大批切中残障人士生活"痛点"的科技产品与软件服务，正努力消除他们与外界的数字鸿沟，让他们共享科技红利、平等地参与社会生活，开启"无碍"生活。

公益推动源头创新，科技助力向善社会

动动手指，就能得到一份热乎乎的外卖，这种就餐方式已经融入大部分人的生活之中。中国互联网络信息中心数据显示，2023 年，网上外卖用户规模达 5.35 亿人，占网民整体的 49.6%。

伴随外卖兴起的是塑料餐盒的广泛使用。美团《外卖行业环保洞察暨青山计划三周年进展报告》调研显示，当前餐盒材质分布以塑料为主，占比高达 81.48%。这是由于中餐多汤多油，与更易被浸透的纸质餐盒相比，成本更低的塑料餐盒更容易占据主流地位。

过去，带 PP 标志的白色透明聚丙烯餐盒，在回收上面临着相对尴尬的境况——一公斤收购价格 1.8 元，但回收要求较高，"不仅要求清理干净，一次至少要凑够三五公斤，也就是百十个的量才好称重。"因此，小部分的餐盒被回收后用于较为低端的应用，大部分的餐盒仍被回购站"嫌弃"，最终汇入了其他垃圾，被焚烧处理。

但现在，随着科技的进步，外卖餐盒的处理也在与时俱进。"考虑外卖餐盒的出路时，我们联想到了 20 多年前，废旧饮料瓶被做成了再生涤纶面料。于是我们就想，用聚丙烯做的餐盒，回收之后是不是也可以做成再生丙纶面料。"东华大学先进低维材料中心高级研究员李斌团队提供了一个破题思路，那就是提高餐盒回料的价值空间，让回收餐盒成为"划得来"的买卖，推动市场层面的积极性，大大提升废旧餐盒的回收比例。

在美团青山科技基金的支持下，东华大学联合几家企业申报"回收聚丙烯餐盒的高值化应用"项目，开发了塑料餐盒制备细旦聚丙烯纤维和高强度

聚丙烯纤维的关键技术，极大提升了餐盒回料的价值空间，并将实现其在高档运动服装、背包及安全绳索等领域的应用。

2023 年 12 月，一件由两个废旧塑料餐盒"再生"而成的黑色 T 恤在上海松江亮相，这是国内首款再生餐盒料制备的低碳丙纶面料。这件衣服含有 30% 的细旦丙纶纤维，因而疏水快干，保暖轻便，试穿者出了汗也不觉黏腻。美团青山计划相关负责人表示，"由于这款 T 恤的面料来自废弃的外卖餐盒，因此与传统的细旦丙纶纤维相比，它还有低碳以及促进塑料循环的独特意义。"

第三方技术公司对再生餐盒料进行了碳核算，结果显示，与原生材料相比，使用再生餐盒料的减碳量可达 73%。未来，这种低碳丙纶面料，有望成为与再生涤纶并驾齐驱的可持续纺织面料，被应用在时装领域，成为新的潮流风向标。

而这，只是美团青山科技基金资助的其中一个项目，也是美团联合社会各界，推动科技创新共建低碳未来的一个缩影。早在 2021 年，美团联合行

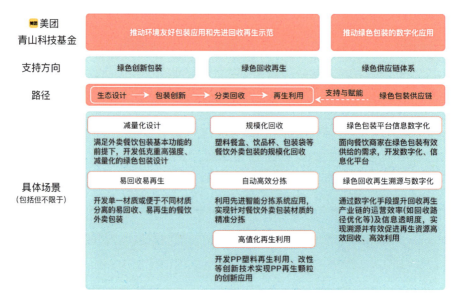

面向企业、高校、研究机构社会组织等中国境内法人主体，支持多机构联合申报
项目应在两年内完成项目建设和正式投产运行或上线运营

业伙伴先期投入 5 亿元发起设立青山科技基金，旨在鼓励更多科研力量投身环保研究，推动行业绿色发展。具体而言，"绿色创新包装""绿色回收再生"以及"绿色供应链体系"，均为美团青山科技基金的支持方向。

对于企业而言，践行社会责任、助力公益的方式有很多。最常见的，是在社会急需的时候，比如在地震、洪涝灾害时进行捐款捐物；再进一步，是将社会责任与自身业务、行业特点融合起来，从而更有效、更可持续地创造社会价值，比如美团在推进外卖行业环保化的进程中，尝试通过提供"小份菜""无需餐具"等用户选项助力环保，并政企联动，在全国 15 个省份的城市落地或推进建设规模化餐盒回收项目；而更深一层，则是利用公益基金推动源头创新，让科技助力向善社会。

青山科技基金，正是这个用途——通过持续投入并激励科研力量，对基础科学这种"低层建筑"进行扶持，最终结出的"果实"不仅能够鼓舞一家企业，润泽整个行业，并在满足企业长期商业利益的同时，帮助人类对科学高峰发起一次次冲刺，最终实现突破。正如哈佛商学院教授迈克尔·波特所言，企业的经济价值与社会价值之间是互相推动、良性循环的，共享价值是新时代企业的根本目的。企业投资于社会，反过来，社会也会嘉赏于企业。

公益慈善助力科技发展与创新，在国外早有先例：瑞典瓦伦堡家族所属的十几家基金会和慈善信托，为科学研究提供了大量资金支持，推动瑞典拥有世界第五多的诺贝尔获奖人数；比利时慈善家欧内斯特·索尔维捐资设立国际物理学协会，为科学家开展学术交流提供了平台，有力促进了量子科学、天文学、拓扑理论等基础科学的发展……

放眼国内，公益慈善推动科技创新的浪潮也此起彼伏：腾讯发起新基石计划，聚焦"从 0 到 1"的原始创新；小米成立创新基金，支持人工智能等基础研究；拼多多着眼农业，用丰厚奖金办起诸多大赛，掀起一股股农业科研的千帆竞发浪潮……利用公益基金提升科技能力、突破技术壁垒，越来越成为社会大众，尤其是企业家的共识。

2024 年 3 月 19 日，习近平总书记在湖南考察时强调，我国有 14 亿多人口，粮食安全必须靠我们自己保证，中国人的饭碗应该主要装中国粮，加大良种、良机、良法推广力度，在精耕细作上下功夫，进一步把粮食单产和品质提上去。目前我国农业科技进步贡献率超过 63%，农作物良种覆盖率达 96% 以上，农作物耕种收综合机械化率达 74%，农业科技的不断进步，已经成为粮食连年丰收的重要保障。

在这方面，互联网平台拼多多除了向中国农业大学捐赠 1 亿元，设立研究基金，支持学校强化基础研究外，还以赛为媒，掀起了各类农研科技大奖，用超 100 万元人民币奖金，吸引全球青年农业科技工作者探索更加本土化的食品和农业解决方案，帮助中国农业走向高端。

2023 年 6 月，第三届"多多农研科技大赛"结果出炉，这场农研科技的"极客冲浪"比拼，比的是谁能挑战在全封闭的集装箱中，以更低能耗，种植更优品质、更高产量的全新生菜品种"翠恬"。

在这场工科专家与农学专家的比拼中，各类数字技术结合工农知识，给出的不同解决方案让人眼前一亮：

甜度脆度均为最佳的第一名上海农科院队，开发了一套智慧种植决策管理系统。该系统融合植株的生长模型、光截获模型、蒸腾模型等算法，实时收集各类传感器回传的数据，尤其是利用深度相机多源采集图像数据进行植株长势监测，可辅助有关光配方优化、环境调控、缓解烧芯以及及时采收等方面的种植策略判断；

唯一一支来自企业的"生菜快长"队，关注接地气的"产销对接"问题。他们结合视觉识别模型与植物生长模型，设计了生菜重量预测算法。基于预测值，种植者可以提前安排采收工人、联系收购商；也可按需定产，反向指导生产端的种植计划；

上海交大"生生不息"队这群参赛前没种过菜的工科专家，利用专业特长构建了辅助智慧栽培的信息化平台，该平台不断迭代，生菜快速增产，第三茬的生菜量较第二茬增长 86%，较第一茬增长 135%……

这种赛马式比拼，让各类学科打破壁垒，为农业科研提供了新思路，实现了"将论文写到田间地头",让技术"长出"食物。

如果说，拼多多的资金支持，更多是鼓励各类前沿农业科技的研发，那么更多企业选择为未来的科研人才"施肥"，将基金进一步覆盖至青年学者、研究生乃至在校本科生，撒下一片鼓励创新的种子。

比如，从广东惠州成长起来的科技企业 TCL，将基金进一步覆盖全科研体系——2022 年，TCL 公益基金会首次推出"TCL 高校捐赠体系"项目，分别针对在创新研究项目、青年学者以及高校在校学生，设立"金字塔式"的资助体系，助力高等学府教育建设和科研发展。这家企业在智能终端、半导体显示、新能源光伏三大核心产业上颇有建树，过往 6 年，其投入研发费用超过 600 亿元，并牵头组建了 2 个国家创新中心。

截至 2024 年 1 月，TCL 高校捐赠体系已在全国 7 所高校落成，共评选出 17 项 TCL 科技创新基金、12 位 TCL 青年学者及华萌奖学金 238 人。项目覆盖了半导体材料、电子通信技术、新能源、人工智能等领域，"希望能够把理论成果变成可工程化、可面向应用的生产力型成果，把好技术从'书架'上搬到'货架'上"，一位项目负责人如此殷切期盼着。

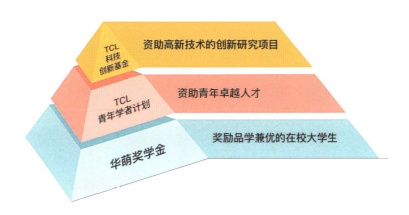

无独有偶，2024 年 3 月 1 日，科技公司小米宣布，小米公益基金会向国家自然科学基金委员会捐赠 1 亿元，用于资助青年学生基础研究项目，支持本科生开展基础研究。

"支持、培养青年科技人才，是小米公益基金会的核心宗旨之一"，小米公司创始人雷军宣布，"小米奖助学金"项目是面向高校全日制在读本科生及硕士研究生，项目投入 5 亿元；"小米青年学者"项目面向计算机、电子、通信、基础学科等领域的青年教师及科研人员，项目投入 5 亿元，支持在科学领域取得突出成绩且具有明显创新潜力的青年人才，将在 5 年内覆盖 100 所高校。

这次捐赠，也是国家自然科学基金委员会历史上首次接受社会捐赠。中国基础研究基金的多元化，已经是大势所趋。"社会资金是基础研究投入体系中不可或缺的一部分，是国家投入的有益补充。"中国科学院院士蔡荣根感慨道，基础研究是造福整个人类社会的事业，应当鼓励、支持社会力量投入基础研究。数据显示，我国基础研究经费从 2012 年的 498.8 亿元，增长到 2023 年的 2212 亿元，投入力度不断加大。

"社会资金应该更多地关注基础研究本身，而不是关注基础研究的结果。"中国科学院高能物理研究所所长王贻芳指出了当前基础研究的关键之处。眼下，国内社会力量资助基础研究力度最大的公益项目之一，当数腾讯的"新基石计划"。

2022 年，腾讯公司宣布 10 年内出资 100 亿元人民币，长期稳定地支持一批富有创造力的杰出科学家，开展探索性与风险性强的基础研究，实现"从 0 到 1"的原始创新。项目设置数学与物质科学、生物与医学科学两大领域，并鼓励学科交叉研究。

"新基石"资助类别分为实验类和理论类：实验类每人每年资助 500 万元，理论类每人每年资助 300 万元；连续资助 5 年，期满可以申请续期资助。项目长期稳定地支持科学家，研究员最长可获得 10 年资助。2023 年 1 月，58 位杰出科学家成为首期"新基石研究员"；同年 11 月，46 位杰出科学家成为第二期"新基石研究员"。

"新基石计划"的独创性，体现在"选人不选项目"上，这意味着，这笔基金并不急于要求基础研究的结果与产出，不考核论文数量，而是关注基础研究本身，为科学家提供了最大的自由空间，让"十年磨一剑"成为可能。从一位"新基石研究员"申报人的答辩中，就可窥见一二："我从来不敢把这些计划写到其他项目的申报材料里，因为没有把握短期就能成功，但这是我长久以来的一个梦。"

这恰恰符合"新基石计划"的选拔标准，"唯一的标准就是他过去的研究在国际上是否有影响，今后要进行的研究是否真正处于基础研究最前沿，我们希望看到他的雄心壮志，看到他的研究方向还没有人尝试过。"中国科学院院士、新基石研究员项目委员会主席施一公表示，新基石提供的安稳科研环境，可以让科学家想象力迸发。

"人类学之母"玛格丽特·米德曾说过，"永远不要怀疑一小群有思想、负责任的公民和企业可以改变世界。实际上，这也是唯一曾改变世界的方式。"从低碳环保、农业科技、智能制造，甚至是"毫无目的"的基础研究，一批批未来的科研人员，在社会资金的涌入下，有了更多改变世界的可能。

延伸阅读

当公益遇上大模型

公益组织通过人工智能识别、数据上云，对中华白海豚进行追踪和守护；3D扫描，人工智能计算，3D打印技术被用于帮助文物修复；基于图像识别技术，AI筛查黄疸的准确率达到了94.7%……

过去，数字科技的运用，已经提升了信息透明度，丰富了公益的表现和参与形式，指尖公益、人人公益成为潮流。未来，以人工智能、虚拟现实、区块链等为代表的数字技术发展将给公益带来更深远影响。

在保护濒危物种方面，AI的各种"鱼脸识别""猴脸识别"已经派上了用场——

"智渔"团队利用腾讯优图实验室的人工智能、区块链技术，对中华白海豚展开个体识别，如今在 iDOPHIN 小程序上积累了 3.6 万张白海豚背脊照片，累计识别白海豚个体 2698 头，单张图片识别准确率达到 89.55%，这些图片和数据帮助专业保护人员更好地对中华白海豚进行保护、保育；

当用摄像机、红外线监测仪观察野生动物时，往往会产生海量照片，用人工筛选会花费大量的时间和人工，AI 可以协助分析当地有什么样的植物种群、动物种群。比如，目前滇金丝猴有 3800 多只，通过"猴脸识别"可以确认每一只猴子所处位置，种群在哪里；其他灵长类保护动物，比如天行长臂猿、西黑冠长臂猿，通过叫声也可以做个体识别；

即使是古树，也能够实现"树脸识别"。淄博市蓝色蔚来社会创新发展中心主任杨忠凯为在册古树名木建立独特的 32 位数字化档案，利用 AI 和点云识别技术完善数据与优化展示内容，结合区块链技术确保数据的独立性和不可篡改性，并以可视化地图的形式展示古树名木的详细信息、历史人文记载和生态文旅应用，为保护、研究和传承古树名木提供支持。截至 2023 年 12 月，该项目完成首批 6 棵古树的上链工作，并已经走访 90 余棵古树名木，并将择期进行上链。

在守护弱势群体方面，AI 也展现出了"呵护"的柔软一面——

乐仁乐助社会创新机构联合创始人魏晨表示，AI 可以提高治疗准确性，特别是对青少年自伤自残自杀趋势性的判断上，通过人工智能拟合数据模型判断自杀概率。在社区服务上，AI 也可以从预防、干预、发展等三个场景入手。比如，预防场景，针对养老问题，会有大量的 AI 陪伴、聊天机器人、治疗机器人；

此外，图像识别技术也被用于"高危儿拯救计划"，通过对婴儿身体相关部位拍照，并将图片上传到小程序，可以识别出新生儿是否患有黄疸疾病，为医生诊断提供参考依据。数据显示，AI 筛查黄疸的准确率达到了 94.7%，"保健熊"小程序已经被广州多家医院使用，访问量超过 1000 万次。

此外，AI 甚至还能"留住"人们的记忆——

在上海博物馆文物保护科技中心，一块绿松石牌饰即将修复完成。这是二里头遗址出土的镶嵌绿松石兽面纹牌饰，同类型文物全球仅存十几件。为了修复这一珍贵文物，中心将全球存世所有同类文物的数据输入电脑，由人工智能计算出绿松石排列顺序，罗列出每一块需要补镶的位置需要的绿松石尺寸形态，再寻找合适的材料补缺。

上博青铜器修复及复制技艺项目市级非遗代表性传承人张珮琛说，"我们是用当代的科技去追寻当年的工艺。"

年度热词

数字公益：数字公益指的是借助于互联网、数字工具等开展的慈善活动或形态，包括慈善捐赠数字化、公益行动数字化和机构管理数字化三个方面

游戏公益：指"游戏＋公益"的模式，这种新潮流正在越来越多的游戏里出现，包括游戏捐赠、公益打卡，上线公益场景等

社区慈善：指城乡社区组织、单位等在本社区、单位内部开展群众性互助互济活动的行为，多地的实践主要体现在举办社区基金会、社区基金、慈善超市、社会工作站、慈善帮扶站等。这种行为，本质是社会治理与慈善发展在基层的融合

城市案例

北京

海淀区"城市大脑"运用大模型，在城市治理上"脑力全开"。

智慧社区各种感知设备阻止电动自行车违规上楼充电。

"数字技术"深入高楼大厦肌理，国内楼层最高、建筑规模最大的模块化建筑——北京亦庄蓝领公寓建成。

广东

老乡鸡的深圳卫星"万单"店，实现了模式更轻，市场覆盖更广。

由数据资源入表衍生的"金融化"出现了落地案例，南方财经全媒体集团获得银行授信。

汕头用北斗卫星技术进行高精度检测，实现危房的自动化监测。

"港车北上"政策落地，港珠澳大桥客流量屡破历史新高。

广东印发实施《"数字湾区"建设三年行动方案》，数字湾区上线"湾事通"便民小程序。

深圳人才公园无人机配送外卖，已经成为常见景象。

城际"空中的士"航线启用。

全国首个全装配式智能建造的摩天工厂在深圳坪山落地。

智慧立体车库在深圳遍地开花。

深圳图书北馆有全国最庞大的地下无人智能立体车库。

广州黄埔区的"洋城特惠店"让困难群众拥有就业机会，增厚社区慈善基金。

香港特别行政区

美团外卖平台 KeeTa 登陆港岛。

港人北上解锁新玩法，深圳山姆扫货半日送到家。

福建

福州运用自然灾害普查数据，简历临灾风险预估子系统、"安全生产一张图"等，进行智慧防灾。

福建泉州泉港区，有一种幸福叫"家门口就业"。

江苏

苏州"双十二购物节"期间，用上了数字货币专享红包。

上海

煎饼店老板们用上了快驴进货，让费时费力的线下进货转移到线上。

上海市区商圈首条外卖无人机配送在五角场合生汇至凯德·国正中心开航。

上海五五购物节期间，全市线上线下消费同期分别增长 16.2％ 和 16.6％。

美团与东方明珠合作，通过"跑出一块好评"活动为四川一座幼儿园捐赠了操场。

上海"社区公益银行"助力精细化治理。

美团助力餐厅无障碍经营，发明"莹莹手环"帮助听障人士。

上海博物馆利用 AI 修复文物。

浙江

杭州不少餐饮老店，用上了支付宝 AI 工具做成的海报。

史上首届提出智能办赛理念的杭州亚运会，出现"数据火炬手"、AI 裁判、AR 智能无人驾驶巴士等"黑科技"。

中国企业数据资产入表第一单在温州出现。

全国首单工业互联网数据资产化案例在浙江省桐乡市落地。

浙北最大的数字化育秧工厂里，数字大棚用上了各种新型农机。

浙江大数据交易中心，出现了首单制造业主数据产品交易。

台州仙居县多家外贸企业在出口市场国家建设海外仓。

"AI 民警"在浙江舟山新城千岛街道调和邻里矛盾。

联网施药机通过数字作业图作业，帮助桐乡市濮院镇葡萄园节省 80% 到 90% 的人工。

浙江安吉"数字游民"火了，这些年轻人在上一种很新的班。

山东

青岛的智慧海关数字仓库，出现了 AI 理货员。

山东自贸试验区出现"云港通"口岸智慧查验平台，"先期机检""抵港直装""船边直提"等自动化作业模式，助力进出口贸易发展。

山东移动济宁分公司托育中心，实现智慧化托育婴幼儿。

济宁打造 15 分钟托育服务圈，创建全国第一批婴幼儿照护服务示范城市。

无人机搭配智慧农业管理平台，为莱西马连庄镇农户指定个性化春管方案。

淄博为在册古树建立数字化档案，完成上链工作。

山东滨州无棣县公交车变"客货邮"一体"顺风车"，村里也实现了快递自由。

被"旅游特种兵"带火，淄博成沉浸式烧烤主题乐园。

江西

萍乡芦溪县上埠镇茶园村，村民用上了当地供销社新上线的数字供销平台。

湖南

长沙高端湘菜的代表品牌冰火楼，推出了外卖子品牌"冰火楼外膳"。

国风田园模拟经营手游《桃源深处有人家》发起的"我的午餐，分你一半"公益活动，在常德桃源县落地，变成乡村困境儿童营养餐。

四川

洗护品牌"活力28"代工厂成都意中的"老年主播团"火了。

成都以泉源堂为代表的连锁药店用上了美团买药后台的数字化能力，实现精细化运营。

内江市通过智慧管理平台，找回了患有阿尔兹海默症的走失老人。

德阳市金牛社区建立社区慈善基金，帮助社区困境群众。

四川成都玉林西路"乐活街区"开街，点燃夜间烟火气。

重庆

自然灾害多发地合川区织密监测网络，提前处理各种地灾隐患。

美团休闲玩乐年度商家峰会在重庆举办，重庆休闲玩乐消费规模同比增长120%。

云南

云南昆明市呈贡分局与云南移动联合推出了"AI反诈民警"。

临沧市沧源县开设了编程课程。

贵州

六盘水市钟山区南开乡中心幼儿园，用上了美团捐赠的乡村儿童操场。

河南

濮阳清丰县城南街道，对居家养老的独居老人安装了"智慧管家"。

新乡的"中原农谷"，新农人可以用手机里的智慧农业云平台进行智慧种田。

河南开封"王婆说媒"走红，带动文旅出圈出彩。

一袭汉服带来经济"骚动"，洛阳让更多游客沉浸式体验国风。

西藏

京东物流助力西藏物流提速，西藏那曲买年货也能次日达。

新疆

乌鲁木齐针对安全生产，绘制了"地下管网三维地图"。

新疆生产建设兵团第六师芳草湖农场，采用全自动水肥一体化系统。

新疆包邮，淘宝先冲！"疆浙沪"包邮区来了。

新疆雪蟹上市，半小时"爬"上市民餐桌。

点外卖、住民宿、品非遗，新疆塔克拉玛干沙漠边缘涌现"新业态"。

安徽

安徽阜阳临泉：回流的"县城创业家"，正在改造小城消费经济。

湖北

武汉岚图汽车工厂成"5G+工业互联网工厂"。

通过美团"新农商培训计划"，恩施女大学生送高山菜苔卖向全国。

湖北武汉，网约车司机有了流动党支部。

陕西

陕西榆林市乡村女性数字就业，"AI豆计划"让更多"木兰"被看见。

宁夏

石嘴山幼儿园用上美团乡村儿童操场后，教师们能组织更多的户外活动课程了。

黑龙江

哈尔滨花式宠客出圈，成 2024 年文旅界的第一个顶流。

90 后东北"林三代"返乡开民宿，黑龙江二浪河"雪乡"触网引来八方客。

甘肃

甘肃天水麻辣烫走红，反向带动当地文旅发展。

内蒙古

内蒙古联合黑龙江、吉林两省，通过数字孪生技术进行松花江流域的防洪调度演练。

海南

海南海口周杰伦演唱会成"行走的 GDP"，城市文旅产业发展有了显著的"杠杆效应"。

策划编辑：赵圣涛

封面设计：王欢欢

图书在版编目（CIP）数据

从数字生活到数字社会 ：中国数字经济年度观察．
2024 / 美团研究院编著．－－ 北京 ：人民出版社，2024. 8.
ISBN 978－7－01－026721－0

Ⅰ．F492

中国国家版本馆 CIP 数据核字第 2024G5K243 号

从数字生活到数字社会
CONG SHUZISHENGHUO DAO SHUZISHEHUI
——中国数字经济年度观察 2024

美团研究院　编著

人 民 出 版 社 出版发行
（100706　北京市东城区隆福寺街 99 号）

中煤（北京）印务有限公司印刷　新华书店经销

2024 年 8 月第 1 版　2024 年 8 月北京第 1 次印刷
开本：710 毫米 ×1000 毫米 1/16　印张：13.75
字数：240 千字

ISBN 978－7－01－026721－0　定价：69.00 元

邮购地址 100706　北京市东城区隆福寺街 99 号
人民东方图书销售中心　电话（010）65250042　65289539